BAIXO CARBONO COMPLETO LIVRO DE RECEITAS PARA INICIANTES

100+ Simples Low Carb Receitas para perder peso e reequilibrar sua saúde

Kiara Oliveira

© COPYRIGHT 2022 TODOS OS DIREITOS RESERVADOS

Este documento tem como objetivo fornecer informações exatas e confiáveis sobre o tema e a questão abordada. A publicação é vendida com a ideia de que o editor não é obrigado a prestar serviços contábeis, oficialmente permitidos ou de outra forma qualificados. Se for necessário aconselhamento, legal ou profissional, um indivíduo experiente na profissão deve ser solicitado.

De forma alguma é legal reproduzir, duplicar ou transmitir qualquer parte deste documento em meio eletrônico ou em formato impresso. A gravação desta publicação é estritamente proibida, e qualquer armazenamento deste documento não é permitido a menos que com permissão por escrito do editor. Todos os direitos reservados.

Aviso de isenção de responsabilidade, as informações contidas neste livro são verdadeiras e completas até onde sabemos. Todas as recomendações são feitas sem garantia por parte do autor ou da publicação da história. O autor e o editor se isentam e se responsabilizam em relação ao uso desta informação

Índice

INTRODUÇÃO 8

RECEITAS LOW CARB 11

    1. Mojito: A Receita Original 11

    2. Biscoito Enrolado: Receita Básica 13

    3. Macarrão com baixo teor de gordura e queijo 15

4. Uma receita vegetariana 17

5. Hambúrgueres com molho cremoso e repolho frito 19

6. Receita Jesuíta 22

7. Receita de sorvete de chocolate 24

8. Perogies Poloneses, Receita Caseira 26

9. Receita Básica de Granola 28

10. Bolo Receita Básica 30

11. Receita de Cogumelo Morel 32

12. Torrada Francesa: Receita Básica 34

13. Receita de biscoito de chocolate 36

14. Escalivada: A Receita do Piquenique 37

15. Profiteroles de Chocolate - Receita Fácil 39

16. Tartiflette - Receita do Chalet De Pierres 41

17. Receita de Brownies Clássicos 43

18. Speculoos, Receita Simplificada 45

19. Ovos Mexidos com Manjericão e Manteiga 47

20. Peito de Frango ao Alho 49

21. Porco Chicharrón A La Mexicana 51

22. Frango Recheado Com Nopales 53

23. Minibolo de carne com bacon 56

24. Filé de Frango Com Queijo 58

25. Keto Taquitos De Arrachera 60

26. Papel de parede de peixe mexicano Keto 63

27. Tacos de frango com baixo teor de carboidratos 65

28. Quinoa Yakimeshi 67

29. Rolinhos de Pepino Recheados com Salada de Atum 69

30. Ceviche Abacate Recheado Com Habanero 71

31. Bolo Keto de Chocolate 73

32. Marielle Henaine 75

33. Chuchus Recheados com Salpicón 77

34. Caldo de Frango com Arroz de Couve-flor 79

35. Salada de repolho e frango 81

36. Frango Assado Com Guajillo 82

37. Arroz Poblano Brócolis 84

38. Abóboras Recheadas com Salada Cremosa de Frango 86

39. Salada de Arrachera com Vinagrete de Ervas Finas 88

40. Como fazer almôndegas de frango ao molho de pimenta Morita .. 90

41. Crosta Recheada Com Carne Com Nopales 92

42. Esparguete de Abóbora com Creme de Abacate 94

43. Omelete de Couve Flor com Espinafre e Serrano Chile ... 96

44. Couve-flor Assada Com Ovo E Abacate 99

45. Carpaccio de chuchu 101

46. Enchiladas de couve-flor verde com frango 103

47. Espetos Keto Mar e Terra 106

48. Abobrinha Assada Com Requeijão 108

49. Omelete Poblano 110

50. Bolo de ovo com aspargos 112

INCRÍVEL RECEITA DE BAIXO CARBOIDRATO 114

51. Tortilha Primitiva 114

52. Salada de Ovos no Café da Manhã 117

53. Crepes de farinha de coco com macadâmia 119

54. Hambúrguer 122

55. Hambúrguer de nabo 124

56. Tigela de Iogurte Grego com Crosta de Amêndoas 126

57. Fritada de carne moída, couve e queijo de cabra 128

58. Flocos de cetoavena estilo Brad 131

59. Muffins de ovos em formas de presunto 133

60. Speculoos, receita simplificada 135

61. Mistura de especiarias Chai 137

62. Ovos mexidos com cúrcuma 139

63. Leite de côco 141

64. Snacks de Ovos Curley 143

65. Waffles com molho de carne 146

BEBIDAS E SMOOTHIES 149

66. Café com alto teor de gordura 149

67. Proteína Cetogênica Mocha 151

68. Smoothie verde 153

69. Batido de beterraba e gengibre 155

70. Suco de qualquer coisa 157

71. Chai dourado 159

72. Caldo de Osso de Galinha 161

73. Leite de nozes 164

74. Macarrão com baixo teor de gordura e queijo 167

MOLHOS, PÁS E MOLHOS FRIOS E QUENTES 169

75. Molho de Amendoim falso 169

76. Molho de maionese Primal Kitchen e queijo azul .. 171

77. Vinagrete Perfeito (com variantes) 173

78. "Queijo" de macadâmia e cebolinha 175

79. pesto de folhas de cenoura 177

80. Manteiga com pimenta malagueta e bacon 179

81. Pate de Figado de Frango 181

82. Manteiga de coco 184

83. Patê de salmão defumado 186

84. Azeitona com nozes 188

CURSOS PRINCIPAIS 190

85. Carnitas de Fogão Lento 190

86. Ovos mexidos com couve 193

87. Sanduíche cubano falso 195

88. Carne picada das cavernas com manteiga de amêndoa 197

89. Atum light braseado com molho de ervas e lima 199

90. Tomates recheados 202

91. O melhor frango assado 204

92. Espetinhos de frango 207

93. Bandeja de camarão e aspargos 210

94. Salsichas com couve 212

95. Salmão assado com aioli de endro 215

96. Rolinhos de peru e repolho 217

97. Salada crocante de atum 219

98. Frango Recheado Com Nopales 221

99. MiniBolo de Carne Com Bacon 224

100. Arame de Frango Com Queijo 226

CONCLUSÃO 228

INTRODUÇÃO

Além do açúcar puro, muitos carboidratos são responsáveis pelo ganho de peso indesejado com alças de amor crescentes. Uma razão pela qual o baixo teor de carboidratos é uma tendência contínua. A dieta baixa em carboidratos (traduzido: poucos carboidratos) trata de uma redução drástica de carboidratos na dieta. Porque somente quando a ingestão de açúcar e carboidratos é reduzida é que o corpo volta às suas reservas de energia (gorduras) e, assim, garante a redução de peso em caso de suposta falta de alimentos.

Então, para se livrar das alças de amor impopulares, a dieta com receitas sem ou com menos carboidratos é particularmente eficaz. No entanto, deve-se notar que as células de tecido adiposo existentes apenas se esvaziam durante a dieta e depois permanecem no corpo. Se você voltar ao seu antigo estilo de alimentação não saudável muito rapidamente, você se reabastecerá rapidamente.

Quais alimentos são permitidos em uma dieta baixa em carboidratos?

Assim que você come de acordo com o método de baixo carboidrato, ou seja, o número de carboidratos nos alimentos é reduzido, a proporção de gordura e proteína que não é armazenada no corpo na mesma medida pode ser aumentada ao mesmo tempo. Ao contrário de outras formas de dieta, não há déficit calórico associado à sensação de fome. Mais gorduras e proteínas também criam uma sensação de saciedade mais duradoura. Portanto, não passe fome, mas substitua o açúcar e os carboidratos por pratos ricos em proteínas e pobres em carboidratos.

Você deve evitar esses alimentos

Os seguintes alimentos são os principais culpados pelo ganho de peso indesejado. Além de todas as formas de açúcar, isso inclui batatas, arroz e todos os produtos feitos de farinha de trigo, como massas, pizzas e pães. Seu consumo descontrolado torna-se perceptível quando consumido em excesso, convertido em açúcar, como uma reserva de gordura impopular e muitas vezes em constante crescimento.

Além disso, deve-se evitar todas as formas de mel e açúcar, geleias, Nutella, todos os doces, adoçantes artificiais e sucos produzidos industrialmente em pratos com baixo teor de carboidratos. No caso de grãos e legumes, batatas, arroz, todos os produtos de farinha de trigo, como pizza, pão, doces, bolos e macarrão, e todos os produtos acabados fabricados industrialmente devem ser evitados. Além disso, alguns alimentos particularmente ricos em amido, como banana, milho, pastinaga, batata doce, ervilha e muesli, não são necessariamente recomendados.

Quão bom é o baixo teor de carboidratos e como um efeito ioiô pode ser evitado?

Se você quiser evitar o temido efeito ioiô de ganho de peso rápido após a dieta de redução, uma mudança geral nos hábitos alimentares que você aprendeu a amar é inevitável. A adaptação do comportamento alimentar à idade também desempenha um papel importante. Na velhice, ao contrário dos anos mais jovens, o corpo acumula extensas reservas de gordura mais rapidamente devido às alterações hormonais. Uma mudança estrita de curto prazo para baixo teor de carboidratos faz maravilhas aqui. No entanto, os nutricionistas desaconselham uma dieta permanente e rigorosa de acordo com as especificações de baixo carboidrato. Para evitar o efeito ioiô, recomendam uma dieta balanceada com cerca de 50% de carboidratos depois. Então você não precisa ficar sem o seu amado pão, batatas e deliciosas massas o tempo todo.

RECEITAS LOW CARB

1. Mojito: A Receita Original

INGREDIENTES

- 20 folhas de hortelã.
- açúcar em pó.

- rum cubano • 3 limões verdes.
- água com gás PREPARAÇÃO

1. Esmague 20 folhas de hortelã com 5 colheres de sopa. colher de chá de açúcar em pó em um recipiente, adicione 30 cl de rum cubano, o suco de 3 limões grandes e misture bem.
2. Despeje em 6 copos, depois estenda com um pouco de água com gás como Perrier e um pouco de gelo picado.
3. Decore com folhas de hortelã.

2. Biscoito Enrolado: Receita Básica

INGREDIENTES

- 120 g de açúcar + 1 colher de chá. com café.
- 4 ovos • 120 g de farinha.
- 25 g de manteiga derretida

PREPARAÇÃO

1. Pré-aqueça o forno a th. 7/210°.
2. Retire a assadeira do forno e coloque uma folha de papel manteiga sobre ela.
3. Separe as gemas das claras, bata as gemas e o açúcar até a mistura branquear e adicione a farinha enquanto mexe.
4. Bata as claras em castelo com a colher de chá de açúcar, misture-as delicadamente, levante o preparado e junte a manteiga derretida.
5. Espalhe a massa no papel manteiga com uma espátula, formando um retângulo.
6. Asse por 8 minutos, retire o biscoito do forno, coloque-o com o papel manteiga na superfície de trabalho e cubra-o com um pano úmido.
7. Deixe repousar por 10 minutos, retire o pano de prato, vire o biscoito, enrole-o sobre si mesmo e envolva-o em filme até usar.

3. Macarrão com baixo teor de gordura e queijo

INGREDIENTES

- .1 1/2 t. de macarrão cozido e escorrido.
- 1 cebola pequena, picada.
- 9 fatias, 2/3 oz de queijo cheddar forte com baixo teor de gordura.
- 1 lata de 12 onças de leite desnatado evaporado.
- 1/2 t. caldo de galinha com baixo teor de sódio.
- 2 1/2 colher (sopa) de farinha de trigo ao redor
- 0,1/4 colher de chá de molho inglês.
- 1/2 colher de chá de mostarda seca.
- 1/8 colher (chá) de pimenta.

- 3 colheres (sopa) de farinha de rosca.
- 1 colher (sopa) de margarina amolecida

PREPARO

1. Em uma assadeira funda untada com spray de óleo vegetal, espalhe 1/3 do macarrão, 1/2 das cebolas e queijo. Repita as camadas, terminando com macarrão. Bata o leite, o caldo, a farinha, a mostarda, o molho inglês e a pimenta até ficar homogêneo. Despeje sobre as camadas. Misture a farinha de rosca e a margarina e polvilhe por cima. Asse descoberto a 375 graus por 30 minutos até ficar quente e borbulhando.

4. Uma receita vegetariana

INGREDIENTES

- .2 cebolas.
- 2 cenouras.
- 1 mandioquinha.
- 1 erva-doce
- .250 g de cereais.
- azeite.
- sal de cúrcuma, pimenta.
- sementes de abóbora PREPARAÇÃO

1. Doure em fogo médio: cebola fatiada, adicione açafrão a gosto, pimenta bem, em seguida, adicione 2 cenouras (aqui 1 violeta, 1 amarela),

1 pastinaga, 1 erva-doce em cubos, sal e pimenta, cozinhe, mexendo ocasionalmente no tempo

2. Cozinhe 1 pacote de 250g de cereais em água fervente com sal (como a quinoa bulgur do Monoprix, que cozinha em 10 minutos), escorra, despeje em uma saladeira, tempere com 2 colheres de sopa. colheres de sopa de azeite, despeje os legumes por cima, polvilhe com sementes de abóbora assadas por 3 minutos em uma panela.

5. Hambúrgueres com molho cremoso e repolho frito

INGREDIENTES

- Hambúrgueres
- 650 g de carne moída (moída)
- 1 ovo
- 85 g de queijo feta
- 1 colher de chá. Sal
- ¼ colher de chá. Pimenta preta da terra
- 55 g (220 ml) de salsa fresca, finamente picada
- 1 Colher de Sopa. azeite, para fritar
- 2 colheres de sopa. manteiga, para fritar

molho

- 180 ml de natas (ou natas) para bater
- 2 colheres de sopa. salsa fresca picada
- 2 colheres de sopa. pasta de tomate ou molho ajvar
- sal e pimenta

repolho verde frito

- 550 g de repolho branco picado
- 85g de manteiga
- sal e pimenta

Instruções

Hambúrgueres de creme:

1. Misture todos os ingredientes para os hambúrgueres e monte oito deles, mais compridos do que largos.
2. Frite-os em fogo médio na manteiga e azeite por pelo menos 10 minutos ou até que os hambúrgueres ganhem uma cor deliciosa.
3. Adicione a pasta de tomate e o creme de leite à frigideira quando os hambúrgueres estiverem quase prontos. Misture e deixe o creme ferver.
4. Polvilhe salsa picada por cima antes de servir.

Repolho verde frito na manteiga:

1. Corte o repolho em tiras ou use um processador de alimentos.
2. Derreta a manteiga em uma frigideira.
3. Refogue o repolho picado em fogo médio por pelo menos 15 minutos ou até que o repolho tenha a cor e a textura desejadas.
4. Misture com frequência e abaixe o fogo um pouco no final. Tempere a gosto.

6. Receita Jesuíta

INGREDIENTES

- .50 g de amêndoa em pó.
- 50g de açúcar.
- 50g de manteiga
- .1 ovo.
- 1 copo(s) de licor(s) de rum PREPARAÇÃO

1. Faça duas tiras finas de folhado com 12 cm de largura.
2. Decore com uma fina camada de creme de amêndoas.

3. Molhe ambas as bordas com água usando um pincel. Coloque o segundo rolo em cima, pressione as bordas para soldá-las.
4. Doure a superfície com o ovo e semeie amêndoas em pó por cima. Corte a tira assim obtida em triângulos colocados em uma assadeira e asse em forno quente.
5. Polvilhe com açúcar de confeiteiro ao retirar do forno. Amasse a manteiga em creme, adicione as amêndoas e o açúcar ao mesmo tempo.
6. Trabalhe vigorosamente com um batedor para obter uma composição espumosa. Adicione o ovo inteiro, depois o Rum.

7. Receita de Sorvete de Chocolate

INGREDIENTES

- .6 gemas.
- 200g de açúcar.
- 1/2 litro de leite
- .300 ml de creme de leite líquido.
- 100 g de cacau sem açúcar

PREPARAÇÃO

1. Para fazer sua receita de sorvete de chocolate:
2. Ferva o leite.
3. Bata as gemas e 150g de açúcar até a mistura ficar branca.
4. Adicione o cacau e misture.
5. Despeje o leite lentamente, mexendo para obter uma preparação muito líquida. Reaqueça

o todo em fogo baixo para engrossar (sem ferver).

6. Deixe este suco esfriar.
7. Bata vigorosamente o creme de leite e o restante do açúcar. Incorpore a preparação no suco. Turbina

8. Perogies Poloneses, Receita Caseira

INGREDIENTES

- 0,2 libras de queijo cottage drenado ou custos de queijo.
- 10 t. agua.
- 1 t. migalhas de pão levemente tostadas.

- 3 colheres (sopa) de óleo
- .4 ovos grandes, batidos.
- 1 1/2 colher (chá) de sal.
- 2 t. de farinha , para todos os fins mais o suficiente para preparar a massa

PREPARAÇÃO

1. Em uma tigela média, amasse o queijo com um garfo. Incorpore os ovos, ½ colher de chá. sal, farinha e misture até formar uma pasta. Abra a massa em uma mesa enfarinhada e divida em 4 partes. Espalhe cada pedaço em um retângulo de 12'' de comprimento e 2'' de largura. Corte cada pedaço na diagonal para fazer cerca de 10 pedaços. Leve a água para ferver e adicione 1 colher de chá. desel. Reduza o fogo para que a água ferva um pouco e mergulhe um terço dos raviólis nela. Cozinhe, descoberto, até que eles voltem. Retire-os com uma escumadeira, escorra-os.

Repita até que todos os donuts estejam cozidos. Sirva com um pouco de pão ralado.
2. Faz cerca de 40 perogias.

9. Receita Básica de Granola

INGREDIENTES

- .300 g de aveia.
- 100 g de amêndoas inteiras.
- 100 g de sementes de girassol.
- 100 g de sementes de abóbora.
- 50g de sementes de gergelim.
- 50g de uvas secas
- 0,10 cl de água quente.
- 50 g de mel líquido.
- 4 colheres (sopa) de óleo de girassol prensado a frio.
- 1 colher de chá de baunilha em pó.

- 1 pouco de sal marinho

PREPARAÇÃO
1. Ligue o forno d. 5/150°.
2. Coloque a aveia, sementes, amêndoas, passas, sal e baunilha em uma tigela.
3. Misture a água quente, o mel e o óleo e despeje na tigela.
4. Mexa até que o líquido seja absorvido e, em seguida, espalhe a mistura na assadeira forrada com uma folha de papel manteiga.
5. Cozinhe por 30 a 45 minutos, mexendo de vez em quando. Deixe esfriar e reserve em uma caixa.

10. Bolo Receita Básica

INGREDIENTES

- .100 g de chocolate amargo.
- 200 g de manteiga + 1 noz.
- 100 g de açúcar + 1 pouco.
- 4 ovos.100 g de farinha
- 0,50 g de amido de milho.
- 30 g de cacau sem açúcar.
- 1 colher de chá rasa de fermento em pó.
- 1 colher de chá de baunilha em pó ou canela
PREPARAÇÃO

1. Ligue o forno d. 6/180°.

2. Unte uma forma e polvilhe com um pouco de açúcar.
3. Derreta o chocolate partido em pedaços e a manteiga no micro-ondas ou em banho-maria.
4. Bata os ovos inteiros e o açúcar até a mistura ficar branca e misture-os com o chocolate derretido e a manteiga.
5. Adicione a farinha, amido de milho, cacau, fermento em pó, baunilha ou canela. Você pode misturar esta massa usando um processador de alimentos ou um mixer.
6. Despeje na forma e leve ao forno por 30 a 40 minutos. Uma ponta de faca presa no centro deve sair quase seca.
7. Desenforme o bolo e deixe arrefecer sobre uma rede.

11. Receita de Cogumelo Morel

INGREDIENTES

- .250 g de cogumelos.
- 2 rins de vitela.
- 400 g de bezerro de recife.
- 75g de manteiga.
- 5 cl de conhaque
- 0,15 cl de creme de leite.
- 4 vol au vent.
- sal grosso.
- pimenta moída PREPARAÇÃO

1. Retire a parte terrosa dos cogumelos, lave-os em várias águas, escorra-os e seque-os em papel absorvente.

2. Passe os pãezinhos sob uma corrente de água fria, escalde-os por 5 minutos em água salgada e escorra-os.
3. Abra os rins, pique-os, refogue-os em 25 gramas de manteiga quente por 8 minutos.
4. Flambe com metade do conhaque.
5. Corte os pãezinhos de vitela e doure-os por 3 minutos em 25 gramas de manteiga quente.
6. Flambe com o restante do conhaque, adicione metade do crème fraîche, aqueça por 1 minuto.
7. Doure os cogumelos no restante da manteiga por 10 minutos, escorra-os e adicione o restante do creme.
8. Em uma panela refogue, despeje os três preparos, sal e pimenta, aqueça por 3 minutos em fogo baixo.
9. Coloque a preparação quente nas crostas aquecidas e sirva quente.

12. Torrada Francesa: Receita Básica

INGREDIENTES

- 0,50 cl de leite.
- 150 g de açúcar.
- 1 vagem de baunilha.
- 3 ovos • .canela em pó.
- 50g de manteiga.
- 10 fatias de pão de sanduíche, brioche baguete amanhecido

PREPARAÇÃO

1. Aqueça o leite, o açúcar e a baunilha partidos ao meio e raspados em uma panela e deixe em infusão por 10 minutos, tampado.
2. Bata os ovos em uma omelete com 1 pouco de canela.
3. Derreta metade da manteiga em uma panela, mergulhe metade das fatias de pão no leite, depois nos ovos batidos e doure na panela de ambos os lados por 6 a 10 minutos. Repita a operação para o resto das fatias. Sirva imediatamente.

13. Receita de Biscoito de Chocolate

INGREDIENTES

- 200g de achocolatado.
- 125g de açúcar
- 125g de amêndoa em pó.
- 3 claras de ovo

PREPARAÇÃO

1. Pré-aqueça o forno a 180°C.
2. Derreta o chocolate em fogo baixo.
3. Bata as claras, continue batendo, incorporando o açúcar e as amêndoas moídas.
4. Misture o chocolate.
5. Em uma assadeira, faça pequenas pilhas.
6. Asse por 15 minutos.
7. Aproveite seus pequenos biscoitos de chocolate!

14. Escalivada: A Receita do Piquenique

INGREDIENTES

- .2 berinjelas.
- 2 abobrinhas.
- 1 pimentão verde.
- 1 pimentão vermelho • .6 cebolas novas.
- 2 dl de vinagre de banyuls
- 2dl de azeite.
- sal

Servir :

- .fatias de pão torrado
- .filés de anchovas em azeite PREPARAÇÃO

Ligue o forno a 210 ° C (th. 7). Lave as berinjelas, a abobrinha e os pimentões e coloque-os sobre as cebolas sem descascá-las. Deslize a assadeira no forno. Contar

1. Entre 30 e 50 minutos, virando e observando os legumes: as berinjelas são cozidas quando estiverem macias sob a pressão do dedo, os pimentões e as cebolas quando a casca estiver marrom.

Descasca

1. Quando mornos, os legumes cortam os pimentões e as berinjelas em tiras compridas, as cebolas e as abobrinhas ao meio no sentido do comprimento.

Por para fora

1. Os legumes em uma saladeira ou em uma caixa hermética. Cubra-os com azeite e vinagre. Sal e misture delicadamente. Sirva a escalivada à temperatura ambiente ou fria, acompanhada de fatias de pão tostadas e filés de anchovas.

15. Profiteroles de Chocolate - Receita Fácil

INGREDIENTES

- .para 40 couves redondas pequenas.
- um soquete de 1,5 cm.

para o creme de confeiteiro:.

- Quindim
- .è 15 cl de natas batidas. para a calda de chocolate :.
- 150 g de chocolate amargo.preparação ao leite

1. Incorpore delicadamente os 15 cl de chantilly ao creme de confeiteiro com um batedor, para clarear o creme.

2. Em seguida, usando o saco de confeitar com o bico de 1,5 cm, recheie os 40 bolinhos e coloque-os na geladeira.
2. 3. Derreta o chocolate em uma panela em fogo baixo, adicionando o leite, até formar um molho bem aglutinado.
3. Disponha o repolho em uma pirâmide em um prato e cubra-os com molho morno.
4. Seus profiteroles de chocolate estão prontos, aproveite
!
5. Descubra nossas seleções de receitas: receitas festivas de chocolate , receitas de bolo de chocolate, receitas de doces ...

16. Tartiflette - Receita do Chalet De Pierres

INGREDIENTES

- 1 kg de batatas 1 cebola.
- 200 g lardons 1 reblochon agricultor
- 1 colher (sopa) de crème fraîche (opcional).
- 1 colher (sopa) de óleo vegetal (girassol, amendoim)
- 10g de manteiga

PREPARAÇÃO

1. Cozinhe as batatas com casca em uma panela com água fervente.
2. Durante este tempo, descasque e fatie a cebola, refogue-a em óleo quente, junte o bacon e doure-a inteira, mexendo sempre.
3. Pré-aqueça o forno a th. 8/220°. Unte com manteiga um prato gratinado (ou ferro fundido), despeje metade das batatas e adicione metade da mistura de cebola-bacon,

o restante das batatas e o restante da cebola-bacon.

4. Nivele a superfície, adicione o creme (opcional) e coloque todo o reblochon no centro. Pimenta moída e leve ao forno até que a parte superior da tartiflette esteja bem dourada. Sirva imediatamente.

17. Brownies de Receita Clássica

INGREDIENTES

- .125 g de manteiga.
- 150 g de açúcar.
- 4 ovos.
- 125 gr de achocolatado
- .50 g de farinha.

- fermento.
- gelo de açúcar

PREPARAÇÃO

1. Pré-aqueça o termostato do forno 6 - 7 (180 ° 200 °).
2. Derreta a manteiga em uma panela em fogo muito baixo.
3. Misture a manteiga derretida com o açúcar em uma tigela.
4. Adicione os ovos.
5. Em uma panela em fogo muito baixo, derreta o chocolate cortado em quadrados, em seguida, adicione-o à sua mistura.
6. Adicione a farinha misturada com o sal e o fermento.
7. Misture tudo bem (50 voltas)
8. Coloque a mistura em uma forma bem untada com manteiga. O ideal é utilizar um molde de

cerâmica quadrado de aproximadamente 20 x 25 centímetros.

9. Leve ao forno por 30 a 35 minutos. O brownie não deve ser cozido demais.
10. Deixe esfriar, polvilhe com açúcar de confeiteiro para ter um topo branco mais apresentável e corte em pedaços quadrados (por exemplo 2 centímetros por 2 centímetros).

18. Especuloos, Receita Simplificada

INGREDIENTES

- .250 g de manteiga.
- 350 g de farinha, peneirada. • 200 g de açúcar mascavo

- 0,5g de bicarbonato de sódio.
- 1 ovo.
- 1 colher de sal

PREPARAÇÃO

1. A preparação dos speculoos exige uma espera de 12 horas.
2. Misture 40g de farinha, bicarbonato de sódio e sal em um primeiro recipiente.
3. Derreta a manteiga.
4. Coloque em um segundo recipiente, adicione o açúcar mascavo, o ovo e misture vigorosamente. Em seguida, adicione a farinha restante enquanto mexe. Misture tudo e deixe descansar por 12 horas na geladeira.
5. Após a espera de 12 horas, unte as assadeiras com manteiga.

6. Abra a massa, mantendo uma espessura mínima (máximo de 3 milímetros) e corte-a com moldes de sua preferência.
7. Asse tudo por 20 minutos, observando o cozimento.
8. É melhor deixar os speculoos esfriarem antes de comer!

19. Ovos mexidos com manjericão e manteiga

INGREDIENTES

- 2 colheres de sopa. Manteiga
- 2 ovos
- 2 colheres de sopa. creme (ou creme) para montar
- sal e pimenta preta moída
- 80 ml (38 g) de queijo cheddar ralado
- 2 colheres de sopa. manjericão fresco

PREPARAÇÃO

1. Derreta a manteiga em uma frigideira em fogo baixo.
2. Adicione os ovos, creme, queijo e temperos em uma tigela pequena. Bata levemente e adicione à panela.
3. Mexa com uma espátula das bordas para o centro até que os ovos estejam mexidos. Se preferir que fiquem macios e cremosos, mexa em temperatura baixa até atingir a consistência desejada.
4. Finalize polvilhando o manjericão por cima.

20. Peito de Frango ao Alho

INGREDIENTES

- 2 xícaras de azeite
- 4 colheres de sopa de alho, em fatias finas
- 1 xícara de pimenta guajillo, cortada em fatias
- 4 peitos de frango
- 1 pitada de sal
- 1 pitada de pimenta
- 1/4 xícaras de salsa, finamente picada, para decorar

PREPARAÇÃO

1. Para o alho, em uma tigela misture o azeite com o alho, a pimenta guajillo, o frango e deixe marinar por 30 minutos. Reserva.
2. Aqueça uma frigideira em fogo médio, adicione o frango com a marinada e cozinhe por cerca de 15 minutos em fogo médio ou até o alho dourar e o frango estar cozido. Tempere com sal e pimenta. Sirva e decore com salsa picada.

21. Porco Chicharrón A La Mexicana

INGREDIENTES

- 1 colher de óleo
- 1/4 cebola, em filés
- 3 pimentões serrano, fatiados
- 6 tomates, em cubos
- 1/2 xícaras de caldo de galinha
- 3 xícaras de torresmo
- bastante de sal
- chega de pimenta

- bastante coentro fresco, em folhas, para decorar
- bastante feijão, da panela, para acompanhar
- bastante de tortilhas de milho, para acompanhar

PREPARAÇÃO

1. Em uma frigideira funda, frite a cebola e o pimentão com um pouco de óleo até ficarem brilhantes. Adicione o tomate e cozinhe por 5 minutos, adicione o caldo de galinha e deixe ferver. Adicione o torresmo, tempere com sal e pimenta, tampe as folhas de coentro e cozinhe por 10 minutos.
2. Sirva e decore com folhas de coentro.
3. Acompanhe com feijão de panela e tortilhas de milho.

22. Frango recheado com nopales

INGREDIENTES

- 1 colher de óleo
- 1/2 xícaras de cebola branca, em filés
- 1 xícara de nopal, cortado em tiras e cozido
- bastante de sal
- chega de orégano
- chega de pimenta
- 4 peitos de frango, achatados
- 1 xícara de queijo Oaxaca, ralado
- 1 colher de sopa de óleo, para o molho
- 3 dentes de alho picados para o molho

- 1 cebola branca, cortada em oitavos, para o molho
- 6 tomates, cortados em quartos, para molho582
- 1/4 xícaras de coentro fresco, fresco, para o molho
- 4 pimentas guajillo, para o molho
- 1 colher de sopa de pimenta da Jamaica, para o molho
- 1 xícara de caldo de galinha, para o molho
- 1 pitada de sal, para o molho

PREPARAÇÃO

1. Para o recheio, aqueça uma panela em fogo médio com o azeite, refogue a cebola com os nopales até que parem de soltar baba, tempere a seu gosto com sal, pimenta e orégano. Reserva.
2. Em uma tábua, coloque os peitos de frango, recheados com os nopales e queijo Oaxaca, enrole, tempere com sal, pimenta e um pouco de orégano. Se necessário, prenda com um palito de dente.

3. Aqueça uma grelha em fogo alto e cozinhe os rolinhos de frango até ficarem cozidos. Corte os rolinhos e reserve ainda quente.
4. Para o molho, aqueça uma panela em fogo médio com o azeite, refogue o alho com a cebola até dourar, acrescente o tomate, o coentro, a pimenta guajillo, a pimenta da Jamaica, as sementes de coentro. Cozinhe por 10 minutos, recheie com o caldo de galinha, tempere com sal e continue cozinhando por mais 10 minutos. Resfrie um pouco.
5. Misture o molho até obter uma mistura homogênea. Sirva em um prato como espelho, coloque o frango por cima e aproveite.

23. Minibolo de carne com bacon

INGREDIENTES

- 1 quilo de carne moída
- 1/2 xícaras de pão moído
- 1 ovo
- 1 xícara de cebola, finamente picada
- 2 colheres de sopa de alho, finamente picado
- 4 colheres de ketchup
- 1 colher de mostarda
- 2 colheres de chá de salsa, finamente picada
- bastante de sal
- chega de pimenta
- 12 fatias de bacon

- bastante molho de ketchup, para envernizar
- bastante salsa, para decorar PREPARAÇÃO

1. Pré-aqueça o forno a 180°C.
2. Em uma tigela, misture a carne moída com a farinha de rosca, o ovo, a cebola, o alho, o ketchup, a mostarda, a salsa, o sal e a pimenta.
3. Pegue cerca de 150 g da mistura de carne e modele-a em forma circular com a ajuda das mãos. Enrole com bacon e coloque em uma assadeira untada ou papel manteiga. Pincele o topo dos cupcakes e do bacon com ketchup.
4. Asse por 15 minutos ou até que a carne esteja cozida e o bacon dourado.
5. Sirva com salsa, acompanhado de salada e massa.

24. Filé de Frango Com Queijo

INGREDIENTES

- 1/2 xícara de chouriço, desintegrado
- 1/2 xícaras de bacon, picado
- 2 colheres de sopa de alho, finamente picado
- 1 cebola roxa, cortada em pedaços

- 2 peitos de frango, sem pele, sem osso, em cubos
- 1 xícara de cogumelos, em filés
- 1 pimentão amarelo, cortado em pedaços
- 1 pimentão vermelho, cortado em pedaços
- 1 pimentão, laranja cortado em pedaços
- 1 abóbora, cortada em meias luas
- 1 pitada de sal e pimenta
- 1 xícara de queijo manchego ralado
- a gosto de tortilhas de milho, para acompanhar
- a gosto de molho, para acompanhar
- a gosto de limão, para acompanhar

PREPARAÇÃO

1. Aqueça uma frigideira em fogo médio e frite o chouriço e o bacon até dourar. Adicione o alho e a cebola e cozinhe até ficar transparente. Adicione o frango, tempere com sal e pimenta e cozinhe até dourar.
2. Quando o frango estiver cozido, adicione os legumes um de cada vez, cozinhando por alguns minutos antes de adicionar o próximo. Por fim, adicione o queijo e cozinhe mais 5

minutos para que derreta, retifique os temperos.

3. Sirva o fio bem quente acompanhado de tortilhas de milho, salsa e limão.

25. Keto Taquitos De Arrachera

INGREDIENTES

- 3/4 xícaras de farinha de amêndoa, 40 g, peneirada, para a tortilha
- 1 xícara de clara de ovo San Juan®, 375 ml
- 1 colher de chá de fermento em pó, 3 g, peneirado para a omelete

- a gosto de sal, para a omelete
- a gosto de pimenta, para a omelete
- bastante spray de cozinha, para a omelete
- 1/4 cebola, para o molho
- 1 dente de alho, para o molho
- 1/2 xícaras de pepino, sem casca ou sementes, em cubos, para o molho
- 2 abacates, apenas a polpa, para o molho
- 2 pedaços de pimenta serrano, sem rabo, para o molho
- 3/4 xícaras de coentro, folhas, para o molho
- 3 colheres de sopa de hortelã, folhas, para o molho
- 3 colheres de sopa de suco de limão, para o molho
- 3 colheres de água, para o molho
- a gosto de sal, para o molho
- a gosto de pimenta, para o molho
- 2 colheres de sopa de azeite, para a carne
- 1/2 xícaras de cebola, em tiras, para a carne
- 500 gramas de fraldinha, em tiras médias
- a gosto de sal, para a carne
- a gosto de pimenta, para a carne
- bastante cebola roxa, em conserva, para acompanhar

a gosto de pimenta serrano, fatiada, para acompanhar
- bastante folha de coentro, para acompanhar

PREPARAÇÃO

1. Com a ajuda de um balão, misture a farinha de amêndoas com a Clara de Ovo San Juan® em uma tigela e o fermento em pó até ficar integrado, você notará que as claras irão espumar levemente, temperar com sal e pimenta e terminar de integrar.
2. Coloque um pouco de spray de cozinha em uma panela de teflon (de preferência do tamanho que você deseja fazer as tortilhas) adicione um pouco da mistura e cozinhe em fogo baixo, quando a superfície começar a ter pequenas bolhas, vire a tortilha com uma espátula e cozinhe por alguns mais minutos. Repita até terminar com a mistura. Reserve quente até o uso.
3. Para o molho, misture a cebola com alho, pepino, abacate, pimenta serrano, coentro, hortelã, suco de limão, água, sal e pimenta até ficar homogêneo. Reserve até usar.

4. Despeje o azeite em uma panela quente, refogue a cebola até ficar transparente e cozinhe a fraldinha por 8 minutos em fogo médio baixo, tempere com sal e pimenta.
5. Prepare seus tacos! Espalhe o molho em uma tortilha, coloque a fraldinha em tiras, acompanhe com picles de cebola, rodelas de serrano e coentro.

26. Papel de parede de peixe mexicano Keto

INGREDIENTES

- 4 filés de pargo, 280 g cada
- a gosto de alho em pó

- a gosto de sal
- a gosto de pimenta
- 2 pimentões, cortados em tiras
  2 cuaresmeño chile, finamente picado
- bastante de epazote, em folhas
- bastante folha de bananeira, assada
- 2 pedaços de abacate, para o guacamole
- 3 colheres de sopa de suco de limão, para o guacamole
- 1/4 xícaras de cebola, finamente picada, para o guacamole
- 2 colheres de sopa de coentro, finamente picado, para o guacamole
- 2 colheres de chá de óleo

PREPARAÇÃO

1. Tempere os filés de pargo com o alho em pó, sal e pimenta.
2. Coloque os filés de pargo nas folhas de bananeira, adicione a pimenta, a pimenta cuaresmeño e as folhas de epazote.
3. Cubra o peixe com as folhas de bananeira e enrole como se fosse uma pamonha, coloque em uma panela a vapor e cozinhe por 15 minutos em fogo baixo.

•

4. Em uma tigela com a ajuda de um garfo, a guacamole amasse o abacate até obter um purê, adicione o suco de limão, a cebola, tempere com sal, pimenta, adicione o coentro e misture.
5. Sirva em um prato, acompanhado de guacamole.
Apreciar.

27. Tacos de frango com baixo teor de carboidratos

INGREDIENTES

- 1/2 xícaras de abóbora, italiana, fatiada

- 1 xícara de farinha de amêndoa
- 2 colheres de amido de milho
- 4 ovos
- 1 1/2 xícaras de leite
- a gosto de sal
- bastante óleo em spray Nutrioli®, para as tortilhas
- bastante óleo em spray Nutrioli®, para refogar as fajitas
  1 xícara de cebola, em cubos
- 2 xícaras de frango, em cubos
- 1/2 xícaras de pimentão verde, em cubos
- 1/2 xícara de pimentão vermelho em cubos
- 1/2 xícara de pimentão amarelo em cubos
- 1 xícara de queijo manchego ralado
- bastante de coentro, para decorar
- bastante de limão, para acompanhar
- bastante molho verde, para acompanhar

PREPARAÇÃO

1. Misture a abóbora, a farinha de amêndoa, o amido de milho, o ovo, o leite e o sal.
2. Em uma frigideira antiaderente adicione o Óleo Spray Nutrioli® e com a ajuda de uma

colher modele as tortilhas. Cozinhe 3 minutos de cada lado. Reserva.
3. Em uma frigideira em fogo médio adicione o Óleo Spray Nutrioli®, a cebola, o frango, o sal e a pimenta. e cozinhe por 10 minutos.
4. Adicione os pimentões e cozinhe por 5 minutos; adicione o queijo e cozinhe até derreter.
5. Forme os tacos, decore com coentro e sirva com limão e molho verde.

28. Quinoa Yakimeshi

INGREDIENTES

- 1 xícara de quinoa tricolor orgânica Goya
- 1 1/2 xícaras de água
- a gosto de sal
- 1 colher de azeite
- 1 colher de cebolinha
- 1 colher de cebola
- 1/2 xícaras de cenoura
- 1/2 xícaras de abóbora
- 1 1/2 xícaras de frango
- 1 ovo
- 1/4 xícaras de molho de soja
- bastante cebolinha, para decorar

PREPARAÇÃO

1. Em uma panela pequena adicione a Quinoa orgânica tricolor Goya, a água e o sal. Cubra e cozinhe em fogo baixo por 20 minutos. Reserva.
2. Em uma frigideira funda coloque o azeite, acrescente a cebola, a cebolinha, a cenoura e a abóbora. Adicione o frango e cozinhe por 10 minutos.
3. Faça um círculo no centro da panela e despeje o ovo, misture até ficar cozido e integrado.
4. Adicione a Quinoa orgânica tricolor Goya, o molho de soja e misture.
5. Decore com cebolinha e sirva quente.

29. Rolinhos de Pepino Recheados com Salada de Atum

INGREDIENTES

- 1 pepino
- 1 xícara de atum enlatado, escorrido
- 1 abacate, em cubos
- 1/4 xícara de maionese
- 1 colher de sopa de suco de limão
- 1/4 xícaras de aipo
- 2 colheres de sopa de pimenta chipotle moída
- 1 pimenta cuaresmeño, finamente picada
- bastante de sal
- chega de pimenta

PREPARAÇÃO

1. Com a ajuda de um descascador, corte o pepino e retire fatias finas.
2. Misture o atum com o abacate, a maionese, o suco de limão, o aipo, o chipotle moído, a pimenta cuaresmeño e tempere com sal e pimenta.
3. Coloque um pouco de atum em uma das ripas de pepino, enrole e repita com todas as outras. Sirva e decore com pimenta cuaresmeño.

30. Ceviche de Abacate Recheado com Habanero

INGREDIENTES

- 400 gramas de peixe branco cortado em cubos
- 1/2 xícaras de suco de limão
- 1/4 xícaras de suco de laranja
- 1/2 colheres de azeite
- 1 pepino, com casca, em cubos
- 2 tomatillos, em cubos
- 1 tomate, em cubos
- 2 pimentas habanero, finamente picadas
- 1/4 cebola roxa, finamente picada
- 1/2 xícaras de abacaxi, em cubos
- 1/4 xícaras de coentro fresco, finamente picado

- 1 colher de sopa de vinagre de maçã
- 1/2 colheres de chá de sal
- 1 colher de chá de pimenta branca, moída
- 2 abacates do México
- 1 rabanete em fatias finas para decorar

PREPARAÇÃO

1. Em uma tigela, deixe marinar o peixe com o suco de limão, suco de laranja e azeite, leve à geladeira por cerca de 20 minutos.
2. Retire o peixe da geladeira e misture com o pepino, tomatillo, tomate, pimenta habanero, cebola roxa, abacaxi, coentro, vinagre de maçã e tempere com sal e pimenta branca.
3. Corte os abacates ao meio, retire a semente e a pele, recheie cada metade com o ceviche e decore com rabanetes.

31. Bolo de Chocolate Keto

INGREDIENTES

- 10 ovos
- 1 1/4 xícaras de fruta monge
- 1 xícara de farinha de coco
- 1 xícara de cacau
- 1/2 xícaras de leite de coco
- 1 colher de sopa de bicarbonato de sódio
- 1 colher de sopa de fermento em pó
- 1 xícara de chocolate amargo, derretido
- 1/2 xícaras de óleo de coco, derretido
- bastante óleo de coco para untar
- bastante cacau, para o molde
- 1/2 xícaras de leite de coco

- 1 xícara de chocolate amargo
- 1 xícara de amêndoas em filetes para decorar
- 1 xícara de framboesa, para decorar
- bastante chocolate, em lascas, para decorar

PREPARAÇÃO

1. Pré-aqueça o forno a 170°C.
2. Em uma tigela do liquidificador, bata os ovos com o monge até dobrar de tamanho, adicione aos poucos a farinha de coco, o cacau, o leite de coco, o fermento, o fermento, o chocolate amargo e o óleo. coco. Bata até incorporar e ter uma mistura homogênea.
3. Unte uma assadeira com óleo de coco e polvilhe com cacau.
4. Despeje a mistura de bolo e leve ao forno por 35 minutos ou até que o palito inserido saia limpo. Deixe esfriar e desenforme.
5. Aqueça o leite de coco em uma panela em fogo médio para o betume, adicione o chocolate amargo e mexa até derreter completamente. Refrigere e reserve.
6. Bata o glacê até dobrar de tamanho.
7. Cubra o bolo com o betume, decore com amêndoas torradas, framboesas e raspas de chocolate.

8. Corte uma fatia e delicie-se.

32. Marielle Henaine

INGREDIENTES

- bastante água
- bastante de sal
- 2 xícaras de couve-flor, cortada em pedaços pequenos
- 1 xícara de requeijão
- 1/3 xícaras de manteiga
- 1 colher de orégano
- bastante de sal
- bastante pimenta branca

- chega de cebolinha

PREPARAÇÃO

1. Em uma panela com água fervente adicione o sal e a couve-flor, cozinhe até ficar homogêneo. Escorra e resfrie.
2. Coloque a couve-flor, o cream cheese, a manteiga, o sal e a pimenta no processador. Processe até obter um purê bem liso.
3. Cozinhe o purê em uma panela em fogo médio para engrossar, corrija os temperos e sirva com cebolinha picada.

33. Chuchu recheado com Salpicón

INGREDIENTES

- bastante água
- 1 pitada de sal
- 2 chuchus descascados e cortados ao meio
- 1 1/2 xícaras de peito bovino, cozido e desfiado
- 1/4 xícaras de cebola roxa, finamente picada
- 2 tomates verdes, em cubos
- 2 pimentas serrano em conserva, fatiadas
- 1 xícara de alface, finamente picada
- 1 colher de sopa de orégano, seco

- 1/4 xícaras de suco de limão
- 2 colheres de azeite
- 1 colher de vinagre branco
- pitadas de sal
- chega de pimenta
- 1/2 abacate, fatiado

PREPARAÇÃO

1. Em uma panela com água fervente e sal, cozinhe os chuchus até ficarem macios, cerca de 15 minutos. Retire, escorra e reserve.
2. Em uma tábua e com a ajuda de uma colher, esvazie o chuchu e pique finamente o recheio.
3. Para o salpicón, em uma tigela misture a carne desfiada com a cebola roxa, tomate verde, pimenta serrano, alface, coentro, orégano, suco de limão, azeite, vinagre, chuchu recheando o sal e a pimenta.
4. Recheie os chuchus com o salpicón e decore com abacate.

34. Caldo de galinha com arroz de couve-flor

INGREDIENTES

- 2 litros de água
- 1 peito de frango com osso e sem pele
- 1 dente de alho
- 2 folhas de louro
- bastante de sal
- 1 couve-flor, cortada em pedaços pequenos
- 2 chuchus descascados e picados
- 2 abóboras, cortadas em cubos
- 2 pimentões serrano, picados grosseiramente
- bastante abacate, fatiado, para servir
- bastante coentro fresco, finamente picado, para servir

- bastante de limão, para servir

PREPARAÇÃO

1. Para o caldo, aqueça a água em uma panela e cozinhe o peito de frango com o alho, a folha de louro e o sal. Cubra e ferva até que o peito esteja cozido, cerca de 40 minutos.
2. Retire o peito de frango, esfrie e desfie. Coe o caldo de galinha para remover impurezas e gordura.
3. Bata a couve-flor em um processador de alimentos até que pedaços bem pequenos tenham uma consistência de "arroz".
4. Retorne o caldo ao cozimento tampado, assim que ferver, acrescente os chuchus e cozinhe por alguns minutos sem destapar a panela. Adicione as abóboras e a pimenta serrano, cozinhe até ficarem macias. Quando os legumes estiverem cozidos, junte a couve-flor e o frango, cozinhe mais 5 minutos e tempere.
5. Sirva o caldo de galinha com abacate, coentro e algumas gotas de limão.

35. Salada de repolho e frango

INGREDIENTES
- 1 peito de frango cozido e desfiado
- 1 xícara de repolho branco, cortado em tiras
- 1 xícara de maionese
- 2 colheres de mostarda
- 1 colher de vinagre branco
- bastante de sal
- chega de pimenta

PREPARAÇÃO
1. Em uma tigela misture o frango com o repolho, maionese, mostarda, vinagre, tempere com sal e pimenta.
2. Sirva e aproveite.

36. Frango Assado Com Guajillo

INGREDIENTES

- 2 dentes de alho
- 7 pimentas guajillo, descascadas e sem sementes
- 1 xícara de manteiga, em temperatura ambiente
- 1 colher de sopa de cebola em pó
- 1 colher de sopa de orégano, seco
- 1 colher de sal
- 1/2 colheres de pimenta
- 1 frango com pele, limpo e cortado em borboleta (1,5 kg)

PREPARAÇÃO

1. Pré-aqueça o forno a 220°C.
2. Em um comal, asse o alho e as pimentas guajillo. Retire e misture até obter um pó fino.
3. Em uma tigela, misture a manteiga com o guajillo chili em pó e alho, cebola em pó, orégano, sal e pimenta.
4. Pincele o frango com a mistura de manteiga em todos os lados, inclusive entre a pele e a carne. Coloque em uma assadeira e leve ao forno por 45 minutos.
5. Retire o frango do forno, regue com a manteiga e abaixe a temperatura do forno para 180°C.
6. Asse novamente por mais 15 minutos ou até que esteja cozido. Retire e sirva, acompanhe com uma salada verde.

37. Arroz de Brócolis Poblano

INGREDIENTES

- 1 brócolis (1 1/2 xícara) cortado em pedaços pequenos
- 1 dente de alho
- 2 pimentas poblano, tatemados, suadas, sem pele e sem sementes
- 1/2 xícaras de caldo de legumes
- 1 colher de sopa de cebola em pó
- bastante de sal
- 1 colher de óleo
- 1 xícara de poblano rajás
- bastante coentro fresco, para decorar
PREPARAÇÃO

1. Coloque o brócolis no processador e triture até ficar com a consistência de "arroz".
2. Misture o alho com as pimentas poblano, o caldo de legumes, a cebola em pó e o sal, até obter uma mistura homogênea.
3. Em uma panela, aqueça o azeite em fogo médio e cozinhe o brócolis por alguns minutos. Adicione a mistura anterior e as fatias, cozinhe em fogo baixo até que o líquido seja consumido. Rectifique os temperos.
4. Sirva o arroz decorado com coentros.

38. Abóboras recheadas com salada cremosa de frango

INGREDIENTES

- bastante água
- bastante de sal
- 4 abóboras verdes, italianas

- 2 xícaras de frango cozido e desfiado
- 1/3 xícaras de maionese, pimenta
- 1 colher de sopa de mostarda, amarela
- 1/4 xícaras de coentro fresco, finamente picado
- 1/2 xícaras de aipo, finamente picado
- 1/2 xícaras de bacon, frito e picado
- 1 colher de sopa de cebola em pó
- 1/2 colheres de sopa de alho em pó
- bastante de sal
- chega de pimenta
- bastante coentro fresco, Folhas, para decorar

PREPARAÇÃO

1. Aqueça água salgada em uma panela, quando ferver adicione as abóboras e cozinhe por 5 minutos. Escorra e resfrie.
2. Para a salada, misture o frango desfiado com a maionese de malagueta (misture a maionese com a malagueta seca e está pronto), a mostarda, os coentros, o aipo, o bacon frito, a cebola em pó, o alho em pó, o sal e pimenta.

3. Com a ajuda de uma faca, corte as pontas das abóboras, corte-as ao meio no sentido do comprimento e esvazie-as com a ajuda de uma colher.
4. Recheie a abóbora com a salada e decore com coentro fresco. Ele serve.

39. Salada de Arrachera com Vinagrete de Ervas Finas

INGREDIENTES
- 400 gramas de fraldinha cortada em cubos
- bastante de sal
- chega de pimenta

-
- 1 colher de azeite

    3 colheres de vinagre branco, para o vinagrete
- 1/2 colheres de mostarda Dijon, para o vinagrete
- 1/2 colheres de sopa de alecrim fresco, para o vinagrete
- 1/2 colheres (sopa) de tomilho seco, para o vinagrete
- 1/2 colheres de sopa de orégano seco, para o vinagrete
- 1/2 xícaras de azeite, para o vinagrete
- 2 xícaras de alface mista, para a salada
- 1 xícara de espinafre baby
- 1 xícara de coração de alcachofra, cortado ao meio

PREPARAÇÃO

1. Tempere a fraldinha com sal e pimenta e cozinhe em uma frigideira em fogo médio com azeite até o acabamento desejado. Retire e reserve.

2. Para o vinagrete, misture o vinagre branco com a mostarda, alecrim, tomilho, orégano, sal e pimenta. Sem parar de bater, adicione o azeite em forma de fio até

   emulsiona, ou seja, a mistura está completamente integrada.
3. Em uma tigela, misture a alface com o espinafre, os corações de alcachofra, a fraldinha e o vinagrete. Sirva e aproveite.

40. Como fazer almôndegas de frango com molho de pimenta Morita

INGREDIENTES

- 500 gramas de carne moída de frango
- 1 colher de alho em pó
- 1 colher de sopa de cebola em pó
- 1 colher de sopa de salsa, finamente picada
- 1 colher de sopa de coentro fresco, picado o suficiente de sal
- chega de pimenta
- colheres de azeite
- 2 xícaras de tomate verde cortado em quatro
- 2 dentes de alho
- 2 pimentas morita, sem sementes e sem sementes
- 1 xícara de caldo de galinha
- 1 ramo de coentro fresco
- 1/4 colher de sopa de cominho moído, inteiro
- 1 colher de azeite
- bastante salsa chinesa, para acompanhar

PREPARAÇÃO

1. Misture a carne de frango moída com o alho em pó, a cebola em pó, a salsa, os coentros, tempere com sal e pimenta.
2. Com a ajuda das mãos, forme as almôndegas e reserve.

3. Aqueça o óleo em fogo médio em uma panela e frite os tomates, alho e pimenta por 5 minutos. Recheie com o caldo de galinha, coentro e cominho, cozinhe por 5 minutos. Resfrie um pouco.
4. Misture a preparação anterior até obter um molho homogêneo.
5. Frite o molho novamente com um pouco mais de óleo, cozinhe por 10 minutos em fogo médio, adicione as almôndegas, tampe e cozinhe até que as almôndegas estejam cozidas.
6. Sirva as almôndegas e decore com salsa.

41. Crosta Recheada Com Carne Com Nopales

INGREDIENTES

- 1 colher de óleo
- 1 xícara de nopal, em cubos
- 500 gramas de bife de vaca, picado
- 1 xícara de queijo manchego ralado
- 1 xícara de queijo gouda ralado
- 1/2 xícaras de queijo parmesão ralado
- bastante de molho verde, para servir
- 1/2 abacate, para servir, fatiado
  bastante coentro fresco, fresco, para servir
- bastante de limão, para servir

PREPARAÇÃO

1. Aqueça uma panela em fogo médio com o azeite, adicione os nopales e cozinhe até que não tenham babita, depois cozinhe o bife com os nopales e tempere com sal e pimenta a seu gosto. Retire do fogo.
2. Aqueça uma frigideira em fogo alto e cozinhe os queijos até formar uma crosta, retire da panela e dobre em forma de taco, deixe esfriar para endurecer. Repita até terminar com os queijos.
3. Recheie as crostas de queijo com a carne e sirva com o molho verde, abacate, coentro e limão.

42. Espaguete de Abóbora com Creme de Abacate

INGREDIENTES

- 2 abacates
- 1/4 xícaras de coentro, cozido
- 1 colher de sopa de suco de limão
- 1 pitada de sal
- 1 pitada de pimenta
- 1/2 colheres de sopa de cebola em pó
- 1 dente de alho
- 1 colher de azeite
- 4 xícaras de abóbora, em macarrão
- 1 colher de sal
- 1 colher de pimenta

- 1/4 xícaras de queijo parmesão

PREPARAÇÃO

1. Para o molho, processe o abacate com o coentro, suco de limão, sal, pimenta, cebola em pó e alho até obter um purê liso.
2. Aqueça uma panela em fogo médio com o azeite, cozinhe o macarrão de abóbora, tempere com sal e pimenta, adicione o molho de abacate, misture e cozinhe por 3 minutos, sirva com um pouco de queijo parmesão e aproveite.

43. Omelete de Couve Flor com Espinafre e Serrano Chile

INGREDIENTES

- 1/2 xícaras de água
- 2 xícaras de folha de espinafre
- 3 pimentas serranas
- 1 xícara de fubá
- 4 xícaras de Couve-flor Eva® Bits, 454 g
- 1 colher de alho em pó
- a gosto de sal
- a gosto de pimenta
- bastante de tinga de frango, para acompanhar

PREPARAÇÃO

1.

   Despeje a couve-flor Eva Bits em uma panela de água quente. Cozinhe por 4 minutos, escorra e deixe esfriar sob a corrente de água fria. Retire o excesso de água com a ajuda de um pano de algodão. Reserve até usar.
2. Misture o espinafre, a pimenta serrano com um pouco de água fria até obter uma mistura pastosa. Reserve até usar. Coe e reserve a polpa.
3. Em uma tigela, coloque os Eva Bits de Couve-flor, o alho em pó, o fubá, a polpa de espinafre, sal e pimenta e misture até ficar integrado. Com a ajuda das mãos, forme bolinhas e reserve.
4. Em uma prensa de tortilha, coloque um plástico e pressione a bola para formar a tortilha.
5. Em um comal em fogo médio cozinhe a tortilla em ambos os lados até dourar levemente.
6. Acompanhe sua tortilha com tinga de frango.

44. Couve-flor assada com ovo e abacate

INGREDIENTES

- 1 couve-flor
- 1 colher de azeite
- 1/4 xícaras de queijo parmesão
- 2 colheres de alho em pó
- 1 colher de sal
- 1 colher de pimenta
- 4 ovos
- 1 abacate, cortado em gomos
- bastante orégano, fresco

Pré-aqueça o forno a 200°C.

PREPARAÇÃO

1.
2. Corte fatias de couve-flor com 1 a 2 dedos de espessura, coloque em uma assadeira. Regue com o azeite, o queijo parmesão, o alho em pó, um pouco de sal e pimenta.
3. Asse por 15 minutos ou até que a couve-flor esteja cozida e dourada. Retire do forno e reserve.
4. Aqueça uma frigideira em fogo médio e unte com um pouco de spray de cozinha. Quebre um ovo e cozinhe até o termo desejado. Tempere ao seu gosto.
5. Coloque um pouco de abacate em cada fatia de couve-flor, um ovo estrelado, decore com orégano, sirva e aproveite.

45. Carpaccio de Chuchu

INGREDIENTES

- 4 chuchus
- a gosto de sal
- 1/2 xícaras de manjericão, para o molho
- 1/2 xícaras de hortelã, para o molho
- 1/4 xícaras de suco de limão amarelo, para o molho
- 1/4 xícaras de azeite, para o molho
- 1/2 xícaras de abóbora, fatiada
- 1 colher de chá de pimenta em pó, para decorar
- bastante de germe de alfafa, para decorar

PREPARAÇÃO

1.
- bastante flor comestível, para decorar
  Em uma tábua, descasque os chuchus, corte em fatias de ½ cm de espessura. Reserva
2. Em uma panela com água, cozinhe os chuchus por 5 minutos, retire do fogo e escorra. Reserva.
3. Em um processador adicione o manjericão, a hortelã, o suco de limão e o azeite, processe por 3 minutos. Reserva
4. Em um prato, coloque as rodelas de chuchu, tempere com sal, acrescente as rodelas de abóbora, o molho de manjericão e hortelã, tempere com a pimenta malagueta, decore com germe de alfafa e flores comestíveis. Apreciar!

46. Enchiladas de couve-flor verde com frango

INGREDIENTES

- 4 xícaras de couve-flor ralada para as tortilhas de couve-flor
- 1/2 xícaras de queijo Chihuahua, com baixo teor de gordura, ralado, para as tortilhas de couve-flor
- 2 ovos, para as omeletes de couve-flor
- 5 xícaras de água, para o molho verde
- 10 tomates verdes, para o molho verde
- 4 pimentões serrano, para o molho verde
- 1/4 cebola, para o molho verde
- 1 dente de alho, para o molho verde

PREPARAÇÃO

1.
- a gosto de sal, para o molho verde
- a gosto de pimenta, para o molho verde

- 1 colher de sopa de azeite, para o molho verde
- 2 xícaras de peito de frango cozido e desfiado
- bastante queijo Manchego, com baixo teor de gordura, para gratinar
- bastante creme de leite com baixo teor de gordura, para acompanhar
- a gosto de abacate, para acompanhar
- a gosto de cebola, para acompanhar

PREPARAÇÃO

1. Em uma tigela, coloque a couve-flor, cubra com plástico antiaderente, cozinhe por 4 minutos no forno de micro-ondas. Coe para retirar a água e reserve.
2. Misture a couve-flor com o queijo, os ovos, tempere com sal e pimenta e misture até incorporar.
3. Coloque a mistura de couve-flor em uma bandeja forrada com papel manteiga e espalhe no tamanho e forma. Asse por 15 minutos a 180°C.
4. Recheie as tortilhas com o frango desfiado e reserve.
5. Em uma panela com água, cozinhe os tomates, o pimentão serrano, a cebola e o alho em fogo médio. Deixe esfriar, misture e reserve.

6. Em uma panela em fogo baixo aqueça o azeite, despeje o molho, tempere com sal e pimenta e cozinhe por 10 minutos ou até engrossar.
7. Sirva as enchiladas em um prato estendido, banhe com o molho picante, acrescente o queijo Manchego, leve ao microondas por 30 minutos para gratinar, decore com creme, abacate e cebola.

47. Espetos Keto Mar e Terra

INGREDIENTES

- 1 xícara de abóbora
- 1 xícara de pimenta vermelha
- 1 xícara de camarão, fresco, médio
- 1 xícara de pimentão amarelo
- 1 xícara de filé bovino, em cubos médios, para espeto
- 1 xícara de pimenta verde
- bastante spray de cozinha
- 1 xícara de maionese, light
- 1/4 xícaras de coentro
- 1/4 xícaras de salsa

- 1 colher de sopa de suco de limão
- 1 colher de alho em pó
- a gosto de sal

PREPARAÇÃO

1. Em uma tábua corte a abóbora em fatias. Da mesma forma, corte os pimentões em quadrados médios e reserve.
2. Insira a abóbora, o pimentão vermelho, o camarão, o pimentão amarelo, o bife, o pimentão verde nos espetos e repita até encher.
3. Cozinhe em uma grelha com um pouco de spray de cozinha em fogo médio por 15 minutos.
4. Para o molho de coentro: Misture a maionese, coentro, salsa, suco de limão, alho em pó e sal até ficar homogêneo.
5. Sirva os espetos com o molho de coentro e aproveite.

48. Abobrinha Assada Com Requeijão

INGREDIENTES

- 3 abobrinhas, alongadas
- 2 colheres de azeite
- a gosto de sal
- a gosto de pimenta
- 50 gramas de requeijão
- 1 colher de sopa de salsa, picada
- 1/2 colheres de chá de suco de limão, sem sementes
- 2 xícaras de espinafre baby, folhas
- 1/2 xícaras de manjericão, folhas

PREPARAÇÃO

1. Em uma tábua, corte as pontas das abobrinhas, corte-as no sentido do comprimento e pincele-as com azeite. Tempere com sal e pimenta.
2. Em uma grelha quente em fogo médio, coloque as fatias de abobrinha, grelhe dos dois lados por cerca de 5 minutos. Retire do fogo e reserve.
3. Em uma tigela misture o requeijão, a salsa e o suco de limão até ficar homogêneo.
4. Espalhe as fatias de abóbora em uma tábua, coloque meia colher da mistura anterior a 2 centímetros da borda da abóbora. Cubra com folhas de espinafre baby a gosto e adicione uma folha de manjericão. Rolar.
5. Sirva imediatamente e delicie-se.

49. Omelete Poblano

INGREDIENTES

- 1 xícara de pimenta poblano, assada e cortada em rodelas, para o molho
- 1/4 cebola, para o molho
- 1 dente de alho, para o molho
- 1/2 xícaras de jocoque, para o molho
- 1 xícara de leite desnatado, light, para o molho
- a gosto de sal, para o molho
- a gosto de pimenta, para o molho
- 1 colher de sopa de azeite, para o molho
- 4 ovos
- 2 colheres de sopa de leite desnatado, light

- 1 colher de chá de cebola em pó
- bastante spray de cozinha
- bastante queijo panela, em cubos, para rechear
- bastante cebola roxa, fatiada, para acompanhar

PREPARAÇÃO

1. Misture as rodelas de pimenta poblano com a cebola, alho, jocoque, leite desnatado, tempere com sal e pimenta.
2. Aqueça uma panela em fogo médio, aqueça o azeite e despeje o molho, cozinhe por 10 minutos, ou até obter uma consistência espessa.
3. Para a omelete, numa tigela bata os ovos com o leite, a cebola em pó, tempere com sal e pimenta. Reserva.
4. Em uma panela de teflon, adicione um pouco de azeite em spray e despeje o preparo anterior, cozinhe 5 minutos em fogo baixo de cada lado. Retire do fogo e reserve.
5. Recheie a omelete com o queijo panela, sirva em um prato estendido, banhe com o molho poblano, decore com cebola roxa e aproveite.

50. Bolo de Ovo com Espargos

INGREDIENTES

- bastante spray de cozinha
- 12 claras de ovo
- 1/2 xícaras de cebola
- 1/2 xícaras de pimentão
- 1/2 xícaras de aspargos
- a gosto de sal
- a gosto de pimenta
- 1/4 colher de chá de alho em pó PREPARAÇÃO

1. Pré-aqueça o forno a 175°C.
2. Pulverize a forma de cupcake com um pouco de spray de cozinha.

3. Adicione as claras, cebola, pimentão, aspargos, sal, pimenta e alho em pó na batedeira e bata por 5 minutos.
4. Despeje a mistura nas formas de cupcake, até $\frac{3}{4}$ por cento cheias, e asse por 20 minutos ou até ficar pronto. Desenforme.
5. Sirva e aproveite.

INCRÍVEL RECEITA DE BAIXO CARBOIDRATO

51. TORTILHA PRIMITIVA

INGREDIENTES
- 1 colher (sopa) (15 ml) de manteiga com sal
- 30 gr de cogumelos picados
- 30 gr de cebola picada
- 30 g de pimentão vermelho picado
- 4 ovos médios
- 30ml de creme de leite
- 1/4 colher de chá (1 ml) de sal
- 1/8 colher de chá (0,5 ml) de pimenta moída na hora
  14 g de queijo cheddar ralado (opcional)

PREPARAÇÃO

1. Este é o café da manhã primitivo por excelência e uma maneira fantástica de abandonar gradualmente o café da manhã típico de carboidratos. Se está habituado a começar o dia com cereais, torradas e sumo, tomar uma deliciosa tortilha irá mantê-lo saciado durante horas e fará dos seus primeiros passos na dieta paleolítica e cetogénica um verdadeiro prazer.
2. Derreta metade da manteiga em fogo médio em uma panela. Adicione os legumes e refogue-os por cinco a sete minutos. Retire os legumes da panela.
3. Na mesma frigideira, derreta o restante da manteiga. Em uma tigela pequena, bata os ovos com o creme de leite, sal e pimenta. Incline a frigideira para que a manteiga cubra todo o fundo. Despeje a mistura de ovos e repita o movimento.
4. Cozinhe sem mexer. Quando o ovo endurecer nas bordas, use uma espátula de silicone para removê-lo das laterais da panela. Incline a panela para que a mistura de ovos que ocupa o centro possa atingir as bordas.

5. Quando a mistura de ovos estiver coagulada, coloque os legumes em uma das metades da tortilha. Polvilhe com metade do queijo (se usado) e dobre cuidadosamente a tortilha para cobri-los. Coloque a tortilha em um prato e polvilhe com o restante do queijo. Sirva imediatamente.

52. SALADA DE OVOS PARA CAFÉ DA MANHÃ

INGREDIENTES

- ½ abacate médio
- 1/3 xícara (75 ml) de maionese Primal Kitchen ou outra maionese adequada para o
  dieta paleolítica (ver Nota)
- 6 ovos grandes cozidos
- 4 fatias de bacon (sem adição de açúcar), cozidas até ficarem crocantes
- 2 colheres (30 ml) de cebolinha bem picada
- colher de chá (2 ml) de tahine (ver Nota) Pimenta moída na hora

PREPARAÇÃO

1. Esta saborosa salada de ovos é fantástica servida sozinha ou em uma cama de espinafre. Você também pode torrar levemente uma fatia de pão Keto e preparar um sanduíche com a salada.
2. Em uma tigela média, esmague o abacate com um garfo. Adicione a maionese e mexa até formar uma massa homogênea.
3. Pique os ovos cozidos. Adicione-os à mistura de maionese e mexa tudo com um garfo, esmagando o ovo (deve ficar um pouco grosso).
4. Pique o bacon. Adicione os pedaços, cebolinha e tahine à mistura de ovos. Mexer. Experimente e adicione pimenta.

53. CREPES DE FARINHA DE COCO COM MACADÂMIA

INGREDIENTES

- 3 ovos grandes
- xícara (60 g) de manteiga sem açúcar derretido
- xícara (60 g) de creme espesso
- xícara (60 g) de leite de coco integral
- colher de chá (2 ml) de extrato de baunilha ¼ xícara (30 g) de farinha de coco </
- ¼ colher de chá (1 ml) de sal kosher
- colher de chá (2 ml) de canela em pó
- Adoçante adequado para a dieta cetogênica, a gosto (opcional; ver Nota)
- xícara (30 g) de nozes de macadâmia picadas ou moídas

Óleo de coco para untar a grelha

PREPARAÇÃO

1. Os crepes de farinha de coco são um excelente substituto para os feitos com farinha de trigo branca ou integral. As nozes de macadâmia adicionam gorduras saudáveis e uma textura interessante; se você deixá-los em pedaços maiores, obterá crepes crocantes. Você pode substituir o creme espesso por mais leite de coco se não quiser usar produtos lácteos. Sirva quente com manteiga, manteiga de amêndoa, manteiga de coco ou creme de leite de coco.
2. Em uma tigela média, bata os ovos com a manteiga, o creme de leite, o leite de coco e a baunilha.
3. Em uma tigela pequena, misture a farinha, o sal, o fermento, a canela e o adoçante com um garfo. Desfaça os grumos e incorpore os ingredientes secos.
4. Despeje as nozes de macadâmia e mexa. A massa ficará grossa. Adicione a água aos poucos até adquirir a consistência desejada.
5. Aqueça uma grelha ou frigideira de fundo plano em fogo médio. Quando estiver pronto, unte levemente com óleo de coco. Coloque a

massa na grelha em colheres grandes. Será necessário usar uma colher ou espátula para espalhar a massa delicadamente para formar um crepe mais fino, pois sua textura não será a da massa tradicional.

6. Cozinhe lentamente, vários minutos de cada lado, até formar bolhas. Inversão de marcha. Servir quente.

54. PANELA DE HAMBÚRGUER

INGREDIENTES

- 900 g de carne moída
- 2 dentes de alho fatiados
- 1 colher de chá (5 ml) de orégano seco
- 1 colher de chá (5 ml) de sal kosher
- colher de chá (2 ml) de pimenta preta 3 xícaras (85 g) de espinafre fresco
- 1 ½ xícaras (170 g) de queijo ralado (cheddar ou similar) 4 ovos grandes

PREPARAÇÃO

1. Eu recorro a este prato a qualquer hora do dia, mas especialmente no café da manhã.

Sinta-se à vontade para adicionar alguns pedaços de bacon frito para desfrutar de um cheeseburger e bacon.

2. Pré-aqueça o forno a 200°C.
3. Em uma panela própria para o forno (por exemplo, ferro fundido), doure a carne picada. Após cerca de cinco minutos, quando estiver um pouco cozido, reserve e adicione o alho. Refogue por um minuto ou mais e misture com a carne. Adicione o orégano, sal e pimenta e mexa bem.
4. Adicione os punhados no punhado de espinafre à medida que amolecem. Assim que todo o espinafre estiver incorporado, retire a assadeira do forno. Adicionar
5. xícara (120 g) de queijo e mexa.
6. Espalhe a carne uniformemente na assadeira. Em seguida, faça quatro furos na parte superior da carne e cuidadosamente descasque um ovo em cada um. Polvilhe com o restante do queijo.
7. Asse dez minutos. As claras devem estar coalhadas e as gemas ainda líquidas Deixar no forno mais alguns minutos para obter gemas mais firmes. Sirva cada porção em um prato.

55. HASH BROWN DE NABO

INGREDIENTES

- 2 nabos médios (230 g) lavados e descascados
- 1 ovo grande
- 1 colher de sopa (15 ml) de farinha de coco (opcional)
- 1 colher de chá (5 ml) de sal kosher e um pouco mais, a gosto ½ colher de chá (2 ml) de pimenta-do-reino
- 2 colheres de sopa (30 ml) de gordura de bacon ou manteiga, ou mais, se necessário
- Creme de leite (opcional)
- Cebolinha picada (opcional)

PREPARAÇÃO

1. Quando você experimentar esses hash browns, a versão com batatas parecerá sem graça em comparação. Sirva com uma fritada para desfrutar de um brunch cetogênico completo.
2. Corte os nabos em juliana com um ralador de caixa ou robô de cozinha.
3. Bata o ovo em uma tigela grande e adicione os nabos. Incorporar mexendo a farinha, sal e pimenta.
4. Aqueça uma panela grande de fundo chato em fogo médio-alto. Quando estiver quente, adicione a gordura do bacon; Quando estiver derretido, abaixe um pouco o fogo.
5. Mexa mais um pouco os nabos e adicione-os em porções de $\frac{1}{2}$ xícara (120 ml) aproximadamente na gordura quente. Aperte-os um pouco com uma espátula para achatá-los. Cozinhe por três a cinco minutos, até que as bordas estejam douradas. Depois, vire e cozinhe do outro lado.

6. Sirva em um prato e adicione um pouco mais de sal. Se desejar, cubra com uma porção de creme de leite e decore com cebolinha.

56. TAÇA DE IOGURT GREGO COM CRISP DE AMÊNDOAS

INGREDIENTES

- xícara (15 g) de flocos de coco sem açúcar 2 colheres de sopa (15 g) de amêndoas em filés
- 1 xícara (250 ml) de iogurte grego integral
- 1/3 xícara (80 ml) de leite de coco integral
- Adoçante dietético Keto, a gosto (opcional)
- 2 colheres de sopa (30 ml) de manteiga de amêndoa crua (sem adição de açúcar)
- 2 colheres de sopa (15 g) de grãos de cacau
- Um pouco de canela em pó

PREPARAÇÃO

1. Os grãos de cacau são simplesmente os grãos torrados da planta de cacau com a qual o chocolate é feito. Mas não espere que eles tenham o mesmo sabor do seu chocolate favorito. São cacau puro, ou seja, chocolate não processado, sem açúcar ou outros ingredientes. Os grãos de cacau têm muitos benefícios para a saúde; Por exemplo, eles são uma ótima fonte de magnésio, ferro e antioxidantes. Eles fornecem 5 gramas de carboidratos por porção, mas 0 de açúcar, então cabe a você decidir se os inclui nesta receita e, nesse caso, quanto você faz.
2. Em uma frigideira pequena, toste os flocos de coco em fogo médio-baixo e sem gordura, até dourar levemente. Repita a operação com as amêndoas laminadas.
3. Misture mexendo o iogurte, o leite de coco e o adoçante, se usado. Divida a mistura entre duas tigelas. Adicione uma colher de sopa (15 ml) de manteiga de amêndoa em cada uma e mexa para amalgamar (nada acontece se tudo estiver misturado).

Polvilhe um pouco de coco torrado, amêndoas moídas, grãos de cacau e canela por cima.

57. FRITA DE CARNE PICADA, COUVE E QUEIJO DE CABRA

INGREDIENTES

- maço de couve (4 ou 5 folhas), de qualquer variedade 1 colher (15 ml) de óleo de abacate
- 450 g de carne de porco moída
- 1 colher de chá (5 ml) de sálvia seca
- 1 colher de chá (5 ml) de tomilho seco
- $\frac{1}{4}$ colher de chá (1 ml) de noz-moscada moída $\frac{1}{4}$ colher de chá (1 ml) de pimentão picado 1 cebola pequena ou $\frac{1}{2}$ grande em cubos

- 2 dentes de alho fatiados
- 8 ovos grandes
- xícara (120 ml) de creme espesso
- 1 xícara (90 g) de queijo de cabra ralado, ou mais, a gosto

PREPARAÇÃO

1. Todo entusiasta da dieta cetogênica deve saber como fazer uma fritada. Você pode usar a combinação de carne, queijo, legumes, ervas e especiarias que preferir.
2. Com uma faca afiada, retire os talos grossos das folhas de couve. Corte os talos em cubos e pique as folhas. Reserva.
3. Aqueça o óleo em fogo médio em uma panela grande com capacidade para grelhar (por exemplo, ferro fundido). Quando estiver quente, adicione a carne de porco. Cozinhe por cinco minutos, mexendo de vez em quando.
4. Em uma tigela pequena, misture a sálvia, tomilho, noz-moscada e pimenta vermelha. Adicione tudo à carne na panela e mexa bem. Continue cozinhando por mais cinco minutos, até que a carne de porco esteja bem passada.

5. Com uma escumadeira, transfira a carne para uma tigela. Se houver muita gordura na panela, retire uma parte deixando apenas uma ou duas colheres de sopa (15 a 30 ml).
6. Adicione a cebola e os talos de couve na panela. Refogue cerca de cinco minutos, até a cebola amolecer. Adicione o alho e mexa por um minuto. Se necessário, deglaceie a panela com um pouco de água, retirando as partículas torradas.
7. Adicione o punhado de folhas de couve em punhado e mexa para amolecer até que todas as folhas estejam na panela e um pouco cozidas. Adicione a carne na panela e misture bem.
8. Bata os ovos com o creme de leite em uma tigela média. Despeje a mistura sobre a carne e os legumes na panela formando uma camada homogênea. Cozinhe sem mexer por cerca de cinco minutos, até que o ovo comece a endurecer.
9. Coloque a grelha do forno a uma altura média (cerca de 15 ou 20 cm do topo) e ligue a grelha. Cubra os ovos com queijo de cabra. Leve a assadeira ao forno e gratine até o ovo endurecer e o queijo de cabra ficar levemente

tostado. Observe com frequência para que não queime.
10. Retire a assadeira do forno e deixe descansar por alguns minutos. Corte em triângulos e sirva.

58. FLOCOS DE KETOAVENA ESTILO BRAD

INGREDIENTES

- xícara (120 ml) de leite de coco 3 gemas
- ¼ xícara (60 ml) de flocos de coco
- colher de chá (2 ml) de canela em pó
- 1 colher de chá (5 ml) de extrato de baunilha
- xícara (60 g) de nozes bem moídas (nozes, amêndoas, nozes, macadâmia ou uma mistura)
- 2 colheres (sopa) (30 ml) de manteiga de amêndoa
- 1/8 colher de chá (0,5 ml) de sal (sem se contiver manteiga de amêndoa e sal)
- 1 colher de sopa (15 ml) de grãos de cacau (opcional)

Coberturas

- ¼ xícara (60ml) de leite de coco
- 2 colheres de chá (10 ml) de grãos de cacau (opcional)

PREPARAÇÃO

1. Esta é a resposta de Brad aos detratores da dieta Keto que afirmam que não podem viver sem seus cereais matinais. Brad está negociando com o hotel Ritz-Carlton para adicionar esse prato ao seu saudável bufê de café da manhã...

Brincadeirinha! Reserve as claras para preparar os macarons.

2. Misture o leite e os flocos de coco, as gemas, a canela, a baunilha, as nozes, a manteiga de amêndoa, o sal e os grãos de cacau (se usado) em uma panela média. Aqueça em fogo médio-baixo, mexendo sem parar, por três ou quatro minutos.

3. Sirva em duas tigelas pequenas. Despeje em cada duas colheres (30 ml) de leite de coco e uma colher de chá de grãos de cacau. Coma imediatamente.

59. QUEQUES DE OVOS EM FORMAS DE PRESUNTO

INGREDIENTES

- 1 colher de sopa (15 ml) de óleo de coco derretido
- 6 fatias de presunto cozido (melhor em fatias finas)
- 6 ovos grandes
- Sal e pimenta a gosto
- 3 colheres de sopa (45 ml) de queijo cheddar ralado (opcional)

PREPARAÇÃO

1. Esses muffins são o café da manhã rápido perfeito. Prepare-os na noite anterior para colocar um no microondas ou forno no dia seguinte. Certifique-se de comprar presunto de boa qualidade e não salsicha barata.
2. Pré-aqueça o forno a 200°C. Pinte seis cavidades de um prato de cupcake com óleo de coco derretido.
3. Coloque uma fatia de presunto e um ovo em cada cavidade. Salpimentar e polvilhar ½ colher de sopa (7,5 ml) de queijo em cima de cada ovo.
4. Asse por treze a dezoito minutos de acordo com o grau de cozimento preferido para as gemas.
5. Retire o prato do forno e deixe arrefecer alguns minutos antes de retirar cuidadosamente os «muffins». Leve à geladeira em um recipiente de vidro ou plástico para que não sequem.

60. ESPECULOOS, RECEITA SIMPLIFICADA

INGREDIENTES

- .250 g de manteiga.
- 350 g de farinha, peneirada. • 200 g de açúcar mascavo
- 0,5g de bicarbonato de sódio.
- 1 ovo.
- 1 colher de sal

PREPARAÇÃO

9. A preparação dos speculoos exige uma espera de 12 horas.
10. Misture 40g de farinha, bicarbonato de sódio e sal em um primeiro recipiente.
11. Derreta a manteiga.
12. Coloque em um segundo recipiente, adicione o açúcar mascavo, o ovo e misture vigorosamente. Em seguida, adicione a farinha restante enquanto mexe. Misture tudo e deixe descansar por 12 horas na geladeira.
13. Após a espera de 12 horas, unte as assadeiras com manteiga.
14. Abra a massa, mantendo uma espessura mínima (máximo de 3 milímetros) e corte-a com moldes de sua preferência.
15. Asse tudo por 20 minutos, observando o cozimento.
16. É melhor deixar os speculoos esfriarem antes de comer!

61. MISTURA DE ESPECIARIAS CHAI

INGREDIENTES

- 2 colheres de chá (10 ml) de canela em pó
- 2 colheres de chá (10 ml) de cardamomo moído
- 1 colher de chá (5 ml) de gengibre em pó
- 1 colher de chá (5 ml) de cravo moído
- 1 colher de chá (5 ml) de pimenta-da-jamaica moída

PREPARAÇÃO

1. Este bolo simples pode ser preparado com antecedência e leva apenas alguns minutos para montar. Coloque na geladeira e estará pronto pela manhã. Se você prepará-lo em pequenos potes com tampa de rosca, você pode levá-los para onde quiser. Mais do que você precisa para esta receita

sairá da mistura de especiarias; Armazene o que você recebe em um frasco de especiarias vazio.
2. Misture o leite de coco com as sementes de chia, a mistura de especiarias, a baunilha e a estévia em uma tigela (pode ser usada uma batedeira manual ou de vidro se preferir uma textura mais homogênea).
3. Espalhe a mistura igualmente em dois frascos ou tigelas pequenas.
4. Leve à geladeira pelo menos quatro horas (se possível, durante a noite), para que engrosse.
5. Adicione as coberturas, se usadas, e sirva.

62. OVOS MEVIDOS COM CURMERIC

INGREDIENTES

- 3 ovos grandes
- 2 colheres (sopa) (30 ml) de creme de leite (opcional)
- 1 colher de chá (5 ml) de açafrão moído
- Sal a gosto
- Pimenta preta moída na hora a gosto
- 1 colher de sopa (15 g) de manteiga

PREPARAÇÃO

1. Esta variante simples de ovos mexidos de uma vida é uma maneira deliciosa de começar o dia e tem efeitos anti-inflamatórios. A cúrcuma é altamente valorizada em ambientes de saúde porque contém o composto chamado "curcumina", que foi demonstrado em vários estudos como benéfico em várias doenças, desde artrite até prevenção do câncer. Não fique sem pimenta preta, pois contém piperina, que melhora a absorção da curcumina pelo organismo.
2. Em uma tigela pequena, bata levemente os ovos com o creme de leite. Adicione a cúrcuma, sal e pimenta.
3. Derreta a manteiga em fogo médio em uma panela. Quando começar a borbulhar, despeje suavemente sobre a mistura de ovos. Mexa com frequência quando os ovos começarem a endurecer e cozinhe por dois ou três minutos.
4. Retire do fogo, prove, adicione mais sal e pimenta se necessário e sirva.

63. LEITE DE COCO

INGREDIENTES

- Leite de coco e ¼ xícara de mirtilos frescos
- 1 xícara (100 g) de amêndoas cruas
- 1 xícara (100 g) de castanha de caju crua
- 1 xícara (100 g) de sementes de abóbora cruas
- 1 xícara (100 g) de sementes de girassol cruas
- xícara (60 ml) de óleo de coco amolecido 1 colher de sopa
  (15 ml) mel cru
- 1 colher de chá (5 ml) de extrato de baunilha
- 1 colher de chá (5 ml) de sal rosa do Himalaia 1 xícara (60 g) de flocos de coco sem açúcar 1 xícara (60 g) de grãos de cacau

Ingredientes opcionais

- xícara (180 ml) de leite de coco integral ou leite de amêndoa sem açúcar ¼ xícara (40 g) de mirtilos frescos

PREPARAÇÃO

1. Katie French, autora de Paleo Cooking Bootcamp, criou um prato rápido e simples que pode devolver os cereais à sua vida. Sirva com leite de coco integral ou leite de amêndoas, frutas frescas e iogurte grego integral, ou coloque a granola em saquinhos de lanche e leve-a por aí.
2. Pré-aqueça o forno a 180°C. Cubra o prato ou uma panela de ferro com papel manteiga.
3. Se desejar, pique as nozes e as sementes com um robô de cozinha, um picador manual ou uma faca afiada.
4. Em uma tigela grande, misture o óleo de coco, mel e baunilha. Adicione as nozes e sementes, sal marinho, flocos de coco e grãos de cacau e mexa bem.
5. Mova a mistura de granola para a assadeira. Asse vinte minutos, virando uma vez, até tostar levemente.

6. Deixe a mistura esfriar por meia hora e transfira-a para um recipiente hermético. Mantenha-o na geladeira por até três semanas.
7. Adicione os ingredientes opcionais preferidos.

64. LANCHES DE OVO CURLEY

INGREDIENTES
- 1 colher de sopa (15ml) de óleo de coco
- ¼ cebola bem picada
- 250 g de carne moída com capim
- 1 dente de alho filé
- 1 colher de chá (5 ml) de cominho moído
- 1 colher de chá (5 ml) de sal kosher
- ½ colher de chá (2 ml) de pimenta preta

- colher de chá (1 ml) pimenta caiena (opcional) 6 ovos grandes
- ½ xícara (45 g) de queijos variados ralados

PREPARO

1. Snacks de ovos alimentaram uma década de viagens ao redor do mundo de Tyler e Connor Curley, velhos amigos de Brad.
2. Pré-aqueça o forno a 200°C. Cubra uma assadeira quadrada de 15 cm com papel manteiga (ou unte bem com uma colher [15 ml] de óleo de coco derretido).
3. Aqueça o azeite em uma panela grande e refogue a cebola por alguns minutos até começar a dourar.
4. Adicione a carne picada, mexa bem e cozinhe por cerca de dez minutos, até perder quase todo o tom rosado.
5. Empurre a carne picada e a cebola em direção às bordas da panela. Coloque o alho no centro e cozinhe até soltar o aroma. Misture tudo muito bem.
6. Adicione o cominho, sal, pimenta e pimenta de Caiena (se usado). Mexa bem e continue cozinhando por mais cinco minutos, até que a carne esteja completamente cozida. Retire do fogo.

7. Em uma tigela grande, bata os ovos. Adicione uma xícara da mistura de carne aos ovos, mexendo sem parar para que eles não terminem de coalhar. Adicione o restante da carne e mexa bem.
8. Despeje a mistura de ovos e carne na assadeira. Polvilhe o queijo por cima e cozinhe por vinte minutos. Insira uma faca de manteiga no centro; Quando sair limpo, retire do forno. Deixe esfriar por alguns minutos e corte em quadradinhos.

65. WAFFLES COM MOLHO DE CARNE

INGREDIENTES

Molho de carne

- 450 g de carne de porco picada (ou vaca ou peru)
- 1 colher de chá (5 ml) de sálvia seca
- colher de chá (2 ml) de tomilho seco
- colher de chá (2 ml) de alho moído
- ¼ colher de chá (1 ml) de sal kosher
- ¼ colher de chá (1 ml) de pimenta preta 300 ml de leite de coco integral (ver Nota)

Waffles

- 2 ovos grandes
- 1 colher de sopa (15 ml) de óleo de coco derretido
  ½ xícara (120 ml) de leite de coco integral
- xícara (80 g) de farinha de amêndoas ou polpa de frutas secas
  (ver Nota) ¼ colher de chá (1 ml) de sal
- ½ colher de chá (2 ml) de fermento
- 1½ colheres de chá (7 ml) de pó de araruta

PREPARAÇÃO

1. Esta receita representa uma boa forma de aproveitar a polpa que fica depois de fazer o leite de frutos secos. Prefiro dedicar um tempo para preparar meu próprio molho de carne começando do zero, mas as salsichas compradas podem ser usadas desde que não contenham açúcar adicionado ou outros ingredientes inaceitáveis.
2. Aqueça uma frigideira grande em fogo médio e adicione a carne moída. Esfarele com um garfo enquanto cozinha.
3. Após cerca de cinco minutos, quando a carne de porco estiver quase pronta, adicione os temperos e mexa bem. Cozinhe mais dois ou três minutos, até dourar. Adicione o leite de

coco e espere ferver. Quando isso acontecer, abaixe o fogo.

4. Em uma tigela média, bata os ovos com o óleo de coco e o leite de coco. Adicione a polpa, o sal, o fermento e o pó de araruta. Misture bem. A massa de waffle será mais grossa que a tradicional; se necessário, acrescente um pouco de água de colher em colher até adquirir a textura adequada.

5. Despeje um pouco de massa em uma máquina de waffle em fogo médio-baixo (você também pode usar uma panela ou grelha levemente untada e fazer crepes). Retire o waffle quando terminar e repita com o restante da massa.

6. Sirva os waffles cobertos de molho.

BEBIDAS E SMOOTHIES

66. CAFÉ ELEVADO

INGREDIENTES

- 1 xícara (250 ml) de café de boa qualidade
- 1-2 colheres de sopa (15 a 30 ml) de manteiga sem sal
- 1-2 colheres de sopa (15 a 30 ml) de óleo MCT (ou óleo de coco, embora o MCT seja preferível)

Ingredientes opcionais

- $\frac{1}{2}$ colher de chá (2 ml) de extrato de baunilha
- colher de chá (1 ml) de cacau em pó preto sem açúcar 1 colher de sopa (15 ml) de hidrolisado de colágeno em pó

- Uma pitada de canela em pó

PREPARAÇÃO

1. Se você costumava tomar um café com açúcar todas as manhãs, não sentirá falta quando começar a desfrutar deste café, cheio de deliciosas gorduras que estimulam a produção de cetonas. Muitos adeptos da dieta cetogênica bebem café com alto teor de gordura em vez do café da manhã e duram até o almoço ou jantar. Comece com uma colher de sopa de manteiga e outro óleo MCT e aumente a dose no seu próprio ritmo.
2. Bata o café, a manteiga e o óleo com um copo ou varinha mágica até formar espuma. Para beber.

67. Mocha Proteína Cetogênica

INGREDIENTES

- xícara (120 ml) de café forte ou 1 dose de expresso 1 colher (15 ml) de manteiga sem sal
- 1 colher de sopa (15 ml) de óleo MCT (ou óleo de coco, embora seja preferível usar MCT)
- ¼ xícara (60 ml) de leite de coco integral, aquecido ou vaporizado
- 1 colher (20 g) de substituto de farinha em pó Chocolate Coconut Primal Fuel
- ¼ colher de chá (1 ml) de cacau em pó sem açúcar Água quente
- Uma pitada de canela em pó
- Chantilly ou creme de leite de coco

(opcional)

PREPARAÇÃO

1. Tente isso depois de uma sessão de treinamento matinal ou quando você desejar uma bomba de açúcar muito cara do refeitório da esquina.

2. Misture café, manteiga, óleo, leite de coco, proteína em pó e cacau em pó com uma batedeira de vidro ou braço até formar espuma. Se a bebida estiver muito grossa, adicione um pouco de água quente de colher em colher até obter a consistência desejada.

3. Despeje em uma xícara quente e polvilhe com uma pitada de canela. Se desejar, adicione um pouco de chantilly.

68. BATIDO VERDE

INGREDIENTES

- 1 lata (400ml) de leite de coco integral
- 1 colher de chá (5 ml) de extrato de baunilha
- Um monte de vegetais, como couve ou espinafre (cerca de 2 xícaras)
- 1 colher de sopa (15 ml) de óleo MCT ou óleo de coco
- 2/3 xícara (150 g) de gelo picado
- 2 colheres (42 g) do substituto de farinha em pó Primal Fuel (Coco Baunilha) PREPARAÇÃO

1. Coco Chocolate; ou proteína de soro de leite em pó normal.
2. Quando você tem apenas um minuto, esta opção é fantástica e simples.

3. Não perca a oportunidade de tomar uma abundante ração de vegetais.
4. Bata o leite de coco, a baunilha, os legumes, o óleo e o gelo em um liquidificador de vidro.
5. Adicione a proteína em pó e misture em potência baixa até incorporar. Servir.

69. BATER DE BETERRABA E GENGIBRE

INGREDIENTES

- beterraba média (beterraba assada é mais fácil de bater; se estiver crua, deve primeiro ser cortada em cubos)
- ¼ xícara (110 g) de mirtilos, frescos ou congelados
- 1 xícara (250 ml) de leite de amêndoa ou outro leite vegetal seco sem açúcar
- Um monte grande de vegetais, como couve ou espinafre (cerca de 2 xícaras) 10 nozes de macadâmia
- Um pedaço de 3 cm de gengibre fresco descascado e picado

2 colheres de sopa (30 ml) de óleo MCT ou óleo de coco

5-10 gotas de estévia líquida, ou a gosto (opcional)

- 2/3 xícara (150 g) de gelo picado

PREPARAÇÃO

1. Este smoothie está cheio de antioxidantes, vitaminas e minerais, o que o torna uma bebida fantástica para se recuperar naqueles dias em que você treinou muito intensamente. Além disso, as nozes de macadâmia e o óleo MCT

fornecem uma boa quantidade de gorduras saudáveis.
2. Bata as beterrabas, cranberries, leite de amêndoa, legumes, macadâmia, gengibre, óleo e stevia em um liquidificador de vidro. Um segundo ciclo pode ser necessário se forem usadas beterrabas cruas ou se as nozes de macadâmia não forem batidas.
3. Adicione o gelo e bata tudo até a mistura ficar homogênea.

70. SMOOTHIE DE QUALQUER COISA

INGREDIENTES

- 3 xícaras (50 g) de folhas de couve

- xícara (120 ml) de leite de coco integral
- abacate médio (aproximadamente ¼ xícara; 60 g)
- ¼ xícara (30 g) de amêndoas cruas
- 3 castanhas do Brasil
- xícara (30 g) de ervas frescas (ver Nota)
- 2 colheres de substituto de pó de Chocolate Coconut Primal Fuel ou proteína de soro de leite em pó normal
- 1 colher de sopa (15 ml) de cacau em pó (se possível, chocolate amargo)
- 1 colher de chá (5 ml) de canela em pó
- 1 colher de chá (5 ml) de sal rosa do Himalaia
- 2 ou 3 gotas de extrato de hortelã-pimenta (opcional)
- 1 ou 2 xícaras de cubos de gelo

PREPARAÇÃO

1. Este smoothie é inspirado em um dos cafés da manhã favoritos de Ben Greenfield, famoso triatleta e treinador. Eu chamo de "smoothie de qualquer coisa" porque você pode colocar tudo que tem na geladeira! Não hesite em adaptar esta receita para incluir as nozes e ervas que você tem. É uma verdadeira refeição cheia de calorias e nutrientes, por

isso, se desejar, pode dividi-la em duas porções.

2. Coloque um cesto para cozer a vapor numa caçarola pequena com 2 ou 3 cm de água no fundo. Ferva a água e cozinhe a couve no vapor por cinco minutos.
3. Coloque a couve no liquidificador. Adicione o leite de coco, abacate, nozes e ervas. Bata na potência máxima por trinta segundos.
4. Adicione proteína em pó, cacau em pó, canela, sal, extrato de hortelã e gelo e bata até obter uma textura homogênea.
5. Adicione água se necessário para obter a consistência desejada.

71. CADEIRA DOURADA

INGREDIENTES

- 1½ xícaras (375 ml) de leite de frutas secas
- 1 colher de chá (5 ml) de açafrão moído
- 1 colher de chá (5 ml) de mistura de especiarias chai
- colher de chá (2 ml) de pimenta preta
- colher de chá (2 ml) de extrato de baunilha
- 1 colher de sopa (15 ml) de óleo de coco ou óleo MCT
- 1 colher de sopa (15 ml) de colágeno em pó (opcional)
- 5-10 gotas de estévia líquida, ou a gosto

PREPARAÇÃO

1. Por conter açafrão e gengibre, duas especiarias anti-inflamatórias, muitas

pessoas acreditam que o leite dourado ou leite dourado tem propriedades terapêuticas. Esta versão adicionou as clássicas especiarias chai. Uma xícara quente irá ajudá-lo a relaxar à noite.

2. Aqueça o leite de nozes, açafrão, especiarias chai e pimenta em uma panela sem ferver. Cozinhe lentamente por alguns minutos.
3. Incorpore baunilha, óleo de coco, pó de colágeno (se usado) e estévia.
4. Com um mixer de mão, misture bem até formar espuma. Prove e ajuste a doçura com stevia (sem exagerar).

72. Caldo de Osso de Galinha

INGREDIENTES

- 4 xícaras (300 a 400 g) de ossos de frango ou carcaças de frango de 1,4 kg
- 2 ou 3 chávenas (150 a 300 g) de restos vegetais (ver Conselho); ou 1 cebola grande em cubos, com casca e raiz se for cultivada organicamente, 2 talos de aipo e 2 cenouras em cubos, incluindo 2 dentes de alho esmagados
- 1 colher de sopa (15 ml) de gengibre fresco fatiado
- 10 grãos de pimenta preta
- 1 folha de louro
- Ervas frescas, como tomilho ou alecrim (opcional)

PREPARAÇÃO

1. Método 1: Coloque os ossos, os restos de legumes, alho, gengibre, pimenta e louro em uma panela grande com água suficiente para cobrir todos os ingredientes. Deixe ferver e, quando levantar fervura, abaixe a temperatura para ferver. Cozinhe por várias horas, quanto mais tempo melhor, monitorando o nível da água e adicionando mais líquido se estiver muito baixo.
2. Método 2: Coloque os ingredientes em uma panela lenta com água suficiente para cobri-los bem. Cubra e regule o calor ao mínimo. Deixe cozinhar por pelo menos oito horas, embora o resultado seja melhor se cozinhar por mais tempo. Você pode cozinhar o caldo por vinte e quatro horas ou mais.
3. Método 3: Coloque todos os ingredientes em um Instant Pot ou panela de pressão elétrica similar e encha com água (sem ultrapassar a linha de marcação máxima). Feche a tampa e cozinhe por duas horas. Deixe a pressão subir naturalmente antes de abrir a panela.
4. Quando o caldo estiver pronto, coe com uma peneira de malha fina e esfrie rapidamente. A maneira mais fácil de fazer isso é colocar o

plugue na pia e enchê-la com água gelada até a metade. Coloque uma tigela de metal ou uma panela de metal limpa na água gelada e despeje o caldo pelo coador.

5. Quando o caldo estiver frio, transfira-o para recipientes limpos (por exemplo, frascos de vidro com tampas de rosca) e coloque-o na geladeira ou congele-o se você não planeja usá-lo em alguns dias.

73. LEITE DE NOZ

INGREDIENTES

- 1 xícara (100 g) de nozes cruas (amêndoas, avelãs, castanhas de caju, nozes ou macadâmia)
- 4 xícaras (1 l) de água filtrada mais uma quantidade adicional para imersão
- 1 colher de chá (5 ml) de extrato de baunilha (opcional)
- $\frac{1}{4}$ colher de chá (1 ml) de sal (opcional)
- colher de chá (2 ml) canela em pó (opcional)
Adoçante dietético Keto, a gosto (opcional)
PREPARO

1. Este leite é delicioso e pode ser uma opção fantástica para os entusiastas da dieta

cetogênica que desejam evitar comer muitos produtos lácteos. No entanto, os leites de nozes comerciais geralmente contêm ingredientes e adoçantes inaceitáveis. Felizmente, fazer é muito fácil e você pode usar as nozes que tem à mão.

2. Coloque as nozes em uma tigela ou jarra de vidro e cubra-as completamente com água filtrada. Deixe-os descansar em temperatura ambiente por pelo menos quatro horas, embora seja melhor tê-los por oito horas ou durante a noite (até vinte e quatro horas).

3. Escorra e lave as nozes. Coloque-os no copo do liquidificador e bata-os na potência máxima com quatro xícaras de água filtrada para formar uma pasta homogênea.

4. Coe com um pano fino ou um pano de prato limpo. Esprema a polpa para retirar o máximo de leite possível (ver Dica).

5. Caso decida adicionar algum dos ingredientes opcionais, enxágue o copo, despeje o leite e os ingredientes opcionais e bata até obter uma textura homogênea.

6. Transfira o leite em pó para um recipiente hermético e guarde-o na geladeira. Vai durar cinco dias.

74. MACA E QUEIJO COM BAIXA GORDURA

INGREDIENTES

- .1 1/2 t. de macarrão cozido e escorrido.
- 1 cebola pequena, picada.
- 9 fatias, 2/3 oz de queijo cheddar forte com baixo teor de gordura.
- 1 lata de 12 onças de leite desnatado evaporado.
- 1/2 t. caldo de galinha com baixo teor de sódio.
- 2 1/2 colher (sopa) de farinha de trigo ao redor
- 0,1/4 colher de chá de molho inglês.
- 1/2 colher de chá de mostarda seca.
- 1/8 colher (chá) de pimenta.
- 3 colheres (sopa) de farinha de rosca.
- 1 colher (sopa) de margarina amolecida PREPARO

2. Em uma assadeira funda untada com spray de óleo vegetal, espalhe 1/3 do macarrão, 1/2 das cebolas e queijo. Repita as camadas, terminando com macarrão. Bata o leite, o caldo, a farinha, a mostarda, o molho inglês e a pimenta até ficar homogêneo. Despeje sobre as camadas. Misture a farinha de rosca e a margarina e polvilhe por cima. Asse descoberto a 375 graus por 30 minutos até ficar quente e borbulhando.

MOLHOS, PATES E MOLHOS QUENTES E FRIOS

75. MOLHO DE AMENDOIM FALSO

INGREDIENTES

- xícara (120 g) de manteiga de amêndoa crua
- xícara (120 g) de leite de coco integral
- 2 dentes de alho grandes fatiados
- O suco de 1 limão pequeno
- 2 colheres de sopa (30 ml) de tamari (molho de soja sem glúten)
- 1 colher de sopa (15 ml) de gengibre fresco ralado
- colher de sopa (8 ml) de óleo de gergelim torrado (ver Nota)
- colher de sopa (8 ml) de óleo de abacate
- $\frac{1}{4}$ colher de chá (1 ml) de pimenta vermelha picada

(opcional)
PREPARAÇÃO

1. Eu amo molho de amendoim para legumes, frango e camarões. No entanto, muitos entusiastas das dietas paleolíticas e cetogênicas tentam evitar o amendoim devido a problemas de alergia, pois são tecnicamente uma leguminosa, não uma fruta seca. Além disso, eles fornecem mais carboidratos do que qualquer fruta seca ou semente. Felizmente, este molho de amendoim preparado com manteiga de amêndoa é tão bom quanto o original e não tem adoçantes adicionados. Tente não comer tudo de uma vez!
2. Misture todos os ingredientes em uma tigela média ou use um pequeno robô de cozinha ou uma batedeira. Guarde na geladeira em um recipiente hermético. Vai durar dois ou três dias.

76. COZINHA PRIMAL MOLHO DE MAIONESE E QUEIJO AZUL

INGREDIENTES

- xícara (120 g) de maionese Primal Kitchen ½ suco de limão
- ¼ xícara (60 ml) de leite de coco integral ou creme espesso
- ¼ colher de chá (1 ml) de pimenta-do-reino, ou mais se for necessário ¼ xícara (60 ml) de queijo azul esfarelado
- Sal (Opcional)

PREPARAÇÃO

1. Posso não ser muito imparcial, mas a maionese Primal Kitchen é um dos produtos favoritos da minha despensa. Além disso, seu sabor intenso é perfeito para esta receita. Você também pode usar maionese caseira ou outra maionese embalada, se encontrar alguma sem óleos poliinsaturados, embora talvez seja necessário ajustar o aroma para obter o sabor desejado.
2. Com um batedor de varetas, misture a maionese, o suco de limão, o leite de coco e a pimenta.
3. Adicione o queijo azul e mexa bem. Experimente e adicione sal e mais pimenta, se desejar.

77. VINAGRETE PERFEITO (COM VARIANTES)

INGREDIENTES

- 1 chalota pequena bem picada
- 3 colheres de sopa (45 ml) de vinagre de cidra
- colher de chá (1 ml) de sal kosher
- colher de chá (1 ml) de pimenta preta ½ colher de chá (2 ml) de mostarda Dijon
- ¾ xícara (180 ml) de azeite extra virgem

Quase todos os molhos de salada industrial contêm óleos poliinsaturados que promovem a inflamação. Felizmente, prepará-los em casa é rápido e fácil e representa uma ótima maneira de adicionar gorduras saudáveis à refeição.

2. Em um pequeno frasco com tampa, misture a cebola, o vinagre, o sal e a pimenta.
3. Adicione a mostarda e o azeite. Feche bem o frasco e agite vigorosamente.

Variantes

- Vinagrete de limão: substitua o vinagre por uma quantidade equivalente de suco de limão espremido na hora e adicione 1 colher de sopa (15 ml) de raspas de limão.
- Molho grego: adicione 1 colher de chá (4 ml) de orégano seco, manjericão seco e alho moído.

PREPARAÇÃO

1.
78. "QUEIJO" DE MACADAMIA E CEBOLINHA

INGREDIENTES

- 2 xícaras (250 g) de nozes de macadâmia cruas
- 2 colheres de sopa (30 ml) de suco de limão espremido na hora
- colher de chá (1 ml) de sal marinho fino
- colher de chá (1 ml) de pimenta preta
- colher de chá (1 ml) de cebola em pó
- colher de chá (1 ml) de alho moído
- 1 ou 2 colheres (15 a 30 ml) de água quente
- 3 ou 4 colheres (45 a 60 ml) de cebolinha fresca cortada

O "queijo" de nozes é uma opção fantástica para os entusiastas da dieta Keto que não toleram muitos produtos lácteos, mas ainda adoram a deliciosa cremosidade do queijo. Esta receita usa nozes de macadâmia, mas outras nozes também podem ser usadas. Os cajus são muito versáteis, embora contenham mais carboidratos (veja a receita do creme básico de caju. Comece sempre com castanhas cruas, pois as variedades torradas geralmente contêm óleos inaceitáveis.

2. Com um liquidificador de vidro ou um robô de cozinha, bata as nozes de macadâmia com o suco de limão, sal, pimenta, cebola em pó e alho moído até formar uma pasta grossa e tropeçar. Raspe as paredes, se necessário.

3. Com a batedeira ou o robot de cozinha a funcionar, vá adicionando água aos poucos até que a mistura adquira a consistência desejada. Pode-se parar quando o "queijo" ainda estiver com uma textura leve ou continuar batendo até ficar bem homogêneo.

4. Despeje a cebolinha e pressione o interruptor várias vezes para misturar tudo.

PREPARAÇÃO

1.

79. PESTO DE FOLHA DE CENOURA

INGREDIENTES

- 1 xícara (30 g) de folhas e talos de cenoura
- xícara (30 g) de nozes de macadâmia cruas
- xícara (30 g) de avelãs cruas
- 1 dente de alho pequeno amassado
- $\frac{1}{4}$ xícara (25 g) de queijo parmesão ralado
- xícara (180 g) de azeite extra virgem Sal e pimenta

As folhas de cenoura são muito subestimadas. Eu costumo manter o meu para adicionar à panela ao fazer um caldo de osso, mas se tiver caldo suficiente eu preparo um pouco desse pesto.

2. Em um pequeno robô de cozinha, bata as folhas de cenoura, nozes, alho e queijo até misturar bem. Raspe as paredes da tigela.
3. Com o robô de cozinha ligado, vá adicionando o azeite aos poucos até que o pesto adquira a consistência desejada. Experimente e sal e pimenta.

PREPARAÇÃO

1.
80. MANTEIGA COM PIMENTA E BACON

INGREDIENTES

- 2 fatias de bacon (não muito grossas)
- xícara (100 g) de manteiga sem sal em temperatura ambiente 1 dente de alho em fatias bem finas
- colher de chá (2 ml) de páprica doce
- colher de chá (2 ml) de pimenta
- colher de chá (2 ml) de orégano seco triturado
- $\frac{1}{4}$ colher de chá (1 ml) de cominho moído
- 1/8 colher de chá (0,5 ml) de cebola em pó $\frac{1}{2}$ colher de chá (2 ml) de sal kosher
- $\frac{1}{4}$ colher de chá (1 ml) de pimenta preta

PREPARAÇÃO

1. Sim, você leu certo; Esta receita combina dois dos nossos produtos favoritos, bacon e manteiga. É perfeito para derreter num bife suculento ou num prato de ovos mexidos. Para variar, experimente com espetinhos de camarão, couve de Bruxelas assada ou uma batata-doce bem quente no dia em que decidir ingerir mais carboidratos.
2. Torre o bacon por cerca de três minutos em uma panela até ficar crocante. Transfira-o para uma folha de papel toalha para escorrer. Reserve a gordura do bacon para usar em outra receita.
3. Corte a manteiga em pedaços e coloque-os em uma tigela pequena. Esmague-os com um garfo.
4. Adicione o alho, páprica doce e picante, orégano, cominho, cebola em pó, sal e pimenta e misture bem.
5. Esfarele ou pique o bacon. Adicione-o à manteiga e mexa.
6. Espalhe a mistura de manteiga em um pedaço de papel manteiga de cerca de 30 cm Forme um cilindro e enrole bem. Torça as pontas para fechá-lo.
7. Guarde a manteiga na geladeira até usar (ela também pode ser congelada).

81. PASTA DE FÍGADO DE FRANGO

INGREDIENTES

- 225 g de fígado de galinha
- 6 colheres de sopa (85 g) de manteiga
- 2 colheres de sopa (30 ml) de gordura de bacon
- cebola pequena cortada em anéis 1 dente grande filé de alho
- 2 colheres (sopa) (30 ml) de vinagre de vinho tinto
- 1 colher de sopa (15 ml) de vinagre balsâmico
- 1 colher de chá (5 ml) de mostarda Dijon
- colher de sopa (75 ml) de alecrim fresco picado Sal e pimenta a gosto
- Flocos de sal (tipo Maldon) para decorar PREPARAÇÃO

1. O fígado é um dos alimentos mais saudáveis que existem, por isso é uma pena que tenha uma reputação tão ruim. Espero que este patê saboroso o ajude a mudar de ideia sobre essa comida estrela. Pode ser consumido com ramos de aipo, fatias de pepino ou pimentão vermelho. E até com fatias de maçã.
2. Remova as partes fibrosas dos fígados. Derreta duas colheres de sopa (30 ml) da manteiga e da gordura do bacon em fogo médio em uma frigideira média. Adicione a cebola e os fígados e refogue por seis a oito minutos.
3. Despeje o alho e refogue mais um minuto. Abaixe um pouco o fogo e acrescente os dois tipos de vinagre, mostarda e alecrim. Cozinhe cerca de cinco minutos, até que quase todo o líquido evapore e os fígados estejam bem passados.
4. Mova todo o conteúdo da panela para um robô de cozinha. Pressione o interruptor várias vezes para misturar tudo. Raspe as paredes da tigela e adicione duas colheres (30 g) de manteiga. Processe até adquirir uma textura bem homogênea. Raspe as paredes da tigela novamente. Adicione as outras duas colheres

(30 g) de manteiga e processe até adquirir uma textura perfeitamente homogênea.
5. Experimente e sal e pimenta. Transfira a massa para tigelas individuais e cubra com filme transparente. Guarde-o na geladeira. Antes de servir, polvilhe cada tigela com um pouco de floco de sal marinho.

82. MANTEIGA DE COCO

INGREDIENTES

• 4 xícaras (350 a 400 g) de flocos de coco sem açúcar

PREPARAÇÃO

1. Se você nunca experimentou a manteiga de coco, uma agradável surpresa espera por você. Você pode adicioná-lo ao café ou smoothies, misturá-lo com vegetais de raiz, usá-lo em pratos com curry ou comê-lo espalhado em uma camada grossa em algumas fatias de maçã ou em um pedaço de chocolate amargo. Além disso, é o principal ingrediente das bombas de

graxa. Você vai querer ter uma garrafa sempre à mão!

2. Se você usar um robô de cozinha: Coloque os flocos de coco em um robô de cozinha e bata-os por no máximo quinze minutos, arranhando as paredes se necessário (alguns robôs de cozinha demoram um pouco mais).

3. Se você usar um liquidificador de vidro: Coloque metade dos flocos de coco no copo e bata por um minuto. Adicione o restante e continue batendo por no máximo dez minutos, arranhando as paredes se necessário. Certifique-se de que o liquidificador não fique muito quente!

4. Transfira a manteiga de coco para um recipiente hermético até estar pronto para uso (pode ser armazenado em temperatura ambiente). Se necessário, aqueça no microondas por cinco a dez segundos antes de servir.

5. Com ambos os métodos, a manteiga de coco passará por três etapas. Primeiro ficará muito esfarelada, depois se tornará um líquido granulado e, por fim, adquirirá uma textura homogênea. Se você não tiver certeza de que o processo foi concluído, tente. O produto

acabado deve ser homogêneo e levemente granulado, como manteiga de nozes moída na hora.

83. PASTA DE SALMÃO DEFUMADO

INGREDIENTES

- 4 colheres de sopa (60 g) de manteiga em temperatura ambiente
- 1 colher de sopa (15 g) de azeite extra virgem
- 2 colheres de sopa (30 ml) de cebolinha fresca picada
- 2 colheres de sopa (30 ml) de alcaparras secas (30 ml)
- 2 colheres de sopa (30 ml) de suco de limão espremido na hora

- 225 g de filé de salmão cozido, sem espinhas nem pele
- 115 g de salmão fumado cortado em cubos pequenos Sal e pimenta a gosto

PREPARAÇÃO

1. É uma maneira fantástica de aproveitar as sobras de salmão. Esta preparação, repleta de gorduras saudáveis, pode ser tomada ao pequeno-almoço, almoço ou jantar, ou como um lanche saudável. É feito em questão de minutos, mas tem um sabor tão bom que consegue impressionar os comensais do jantar mais seleto. Coloque algumas colheres de sopa em algumas folhas de chicória ou endívia para apresentá-lo com elegância.
2. Em uma tigela média, misture a manteiga e o azeite com um garfo. Adicione a cebolinha, as alcaparras e o suco de limão.
3. Use um garfo para dividir o salmão cozido em pedaços pequenos e adicione-o à mistura de manteiga. Adicione o salmão fumado e mexa bem, esmagando-o ligeiramente. Encha uma

tigela, tampe e guarde na geladeira até servir o patê.

84. AZEITONA COM NOZES

INGREDIENTES

- 1 xícara (250 ml) de azeitonas desossadas (use uma mistura de verdes e pretas)
- 2 filés de anchovas em azeite (ver Dica)
- xícara (60 ml) de nozes picadas 1 dente de alho amassado
- 1 colher de sopa (15 ml) de alcaparras escorridas
- 1 colher de sopa (15 ml) de manjericão fresco picado

- 3 colheres (45 ml) de azeite extra virgem

PREPARAÇÃO

1. A azeitona tradicional é uma mistura de azeitonas, alcaparras, anchovas e cebolas esmagadas no almirantado, e costuma ser servida com pequenas tostas. É uma forma fantástica de introduzir na nossa dieta estes pequenos peixes ricos em ácidos gordos ómega. O toque crocante das nozes substitui o da torrada. Sirva esta azeitona em fatias de pepino ou pimentão vermelho, espalhe com ela o frango assado ou adicione mais azeite para usar como molho de salada.
2. Em um pequeno robô de cozinha (ou em calda), misture os ingredientes e pressione o botão dez vezes. Raspe as paredes da tigela e continue pressionando até que a azeitona adquira a consistência desejada.
3. Coloque em uma tigela, cubra com filme transparente e leve à geladeira até a hora de servir.

CURSOS PRINCIPAIS

85. CARNITAS DE FOGÃO LENTO

INGREDIENTES
- 1 colher de chá (5 ml) de sal kosher
- 1 colher de chá (5 ml) de cominho moído
- 1 colher de chá (5 ml) de orégano seco
- colher de chá (2 ml) de pimenta preta 1 paleta de porco desossada (1,8 kg)
- 1 xícara (250 ml) de caldo de galinha ou carne 1 laranja em fatias finas
- Cebola muito picada
- Corte de coentro fresco
- Abacate em cubos
- Rabanetes em fatias finas
- Fatias de limão
- Anéis de Jalapeño
- Folhas de alface ou repolho

PREPARAÇÃO

1. Se me espera uma semana movimentada, no domingo preparo carnitas para a semana inteira. A melhor maneira de reaquecê-los é colocá-los na placa do forno, sob a grelha.
2. Em uma tigela pequena, misture sal, cominho, orégano e pimenta. Retire o excesso de gordura da carne (estamos interessados em manter alguma gordura, por isso apenas os pedaços grandes terão de ser removidos). Esfregue a carne com a mistura de sal e especiarias.
3. Adicione o caldo no fundo de um fogão lento. Coloque a carne dentro e cubra com as fatias de laranja. Cozinhe entre oito e dez horas em baixa temperatura (a opção preferida) ou seis horas em alta temperatura.
4. Retire a carne com cuidado do fogão lento e descarte as fatias de laranja. Com dois garfos, desfie a carne.
5. Se desejar, espalhe a carne desfiada em um prato ou assadeira. Ligue a grelha em temperatura baixa e coloque a grade do forno a cerca de 10 cm do fogo. Coloque o prato de carne sob a grelha e deixe ficar crocante, tomando cuidado para não queimar.

6. Divida em porções e sirva com ingredientes opcionais. Se desejar, sirva com folhas de alface ou repolho para preparar alguns tacos paleolíticos.

86. OVOS MEVIDOS COM COUVE

INGREDIENTES

- 2 colheres de sopa (30 ml) de gordura de bacon ou óleo de abacate
- xícara (50 g) de cebola roxa picada e 40 g de pimentão picado 1 dente de alho filé
- 1 colher de sopa (5 g) de tomates secos ou assados (ver Nota) 2 xícaras (475 g) de carnitas no fogão lento
- 1 colher de chá (5 ml) de sal kosher
- 1 colher de chá (5 ml) de orégano seco
- $\frac{3}{4}$ colher de chá (4 ml) de cominho moído Pimenta preta moída na hora
- 2 xícaras (30 g) de folhas de couve picadas ($\frac{1}{2}$ maço)
  $\frac{1}{2}$ suco de limão

- 1/3 xícara (30 g) de queijo cheddar ralado
PREPARO

1. Esta é uma ótima maneira de aproveitar as sobras de carnitas para preparar outro prato. Adoro tomar café da manhã quando não tenho vontade de comer ovos.
2. Aqueça a gordura do bacon em uma frigideira grande em fogo médio. Despeje a cebola e a pimenta. Frite por cinco minutos, até que os legumes comecem a amolecer. Adicione o alho e frite mais um minuto.
3. Incorpore os tomates e a carne. Misture até ficar quente.
4. Em uma tigela pequena, misture o sal, o orégano, o cominho e a pimenta. Adicione à panela e mexa bem.
5. Despeje a couve picada (pode ter que ser feito duas vezes, dependendo do tamanho da panela). Quando a couve começar a amolecer, adicione o suco de limão e mexa bem.
6. Polvilhe com queijo uniformemente, reduza o fogo e tampe.
7. Cozinhe até o queijo derreter (se a panela for adequada para o forno, pode ser colocada sob a grelha para dourar a parte superior).
8. Divida em duas porções e sirva.

87. FALSO SANDUÍCHE CUBANO

INGREDIENTES

- 1 colher de chá (5 ml) de óleo de abacate
- 4 xícaras (1 kg) de carnitas no fogão lento
- 1 colher de chá (5 ml) de sal kosher
- Pimenta preta moída na hora
- ½ suco de limão
- 1 xícara (250 ml) de picles fatiados (normal ou picante, não doce)
- 6 fatias finas de presunto cozido (da melhor qualidade possível)
- 3 colheres de sopa (45 ml) de mostarda Dijon
- 2 xícaras (180 g) de queijo suíço ralado PREPARO

1. Mais uma ideia fantástica para aproveitar as sobras das carnitas. Essa variante do tradicional sanduíche cubano dispensa o pão e deixa o melhor: o delicioso recheio. Coma com garfo e faca ou enrole em folhas de repolho.
2. Coloque a grelha do forno a uma distância entre 10 e 15 cm da grelha e ligue-a na temperatura mínima. Use óleo de abacate para untar um pouco a placa do forno ou um prato pronto para grelhar. Espalhe a carne de porco desfiada formando uma camada de cerca de 2 cm. Tempere e regue com sumo de lima. Coloque sob a grelha e gratinar cerca de dois minutos, até que o topo comece a dourar.
3. Retire a placa do forno sem desligar a grelha. Disponha as fatias de pepino, seguidas do presunto. Use as costas de uma colher ou espátula para espalhar cuidadosamente a mostarda sobre as fatias de presunto. Polvilhe o queijo em uma camada homogênea em cima do presunto.
4. Coloque o prato de volta na grelha por um a dois minutos para dourar a parte mais alto. Observe o queijo para que ele derreta e comece a borbulhar e dourar sem queimar.

88. CARNE PICADA DAS CAVERNAS COM

AMÊNDOAS NA MANTEIGA

INGREDIENTES

- 700 g de carne moída
- 1 colher de chá (5 ml) de sal rosa do Himalaia
- colher de chá (2 ml) de pimenta do reino
- colher de chá (2 ml) de canela em pó
- xícara (120 ml) de manteiga de amêndoa crua

PREPARAÇÃO

1. Com uma receita tão simples, o mais importante é a qualidade dos ingredientes. Recomendo a carne moída wagyu, um tipo de vaca japonesa parecida com a Kobe (se não encontrar nas lojas da sua região, pode encomendar online). À primeira vista, esta receita pode parecer um pouco estranha, mas experimente na próxima vez que precisar resistir por muito tempo. Este prato lhe dará muita energia e uma sensação de saciedade prolongada que lhe permitirá fazer uma caminhada de seis horas por uma floresta tropical. Se for sua vez de cozinhar, multiplique os ingredientes por cinco para alimentar seus colegas.

2. Em uma frigideira média, doure a carne em fogo médio por seis a oito minutos até que esteja bem passada. Adicione sal, pimenta e canela. Mexa bem.

3. Adicione a manteiga de amêndoa às colheres de sopa e mexa vigorosamente. Quando estiver bem incorporado, retire do fogo. Distribua em quatro tigelas e sirva imediatamente.

89. ATUM LEVE ASSADO COM MOLHO DE ERVA E CAL

INGREDIENTES
- 170 g de bife de atum light para sushi
- Sal marinho
- Pimenta preta moída na hora
- 2 colheres de sopa (30 ml) de óleo de abacate

Ervas + Vestido Lima
- 1 xícara (150 g) de coentro fresco
- 1 xícara (150 g) de salsa fresca
- 1 colher de chá (5 ml) de raspas de limão
- O sumo de 2 limas pequenas (1½ a 2 colheres de sopa; 25 ml)
- 2 colheres de sopa (30 ml) de tamari (molho de soja sem glúten)
- 1 colher de sopa (15 ml) de óleo de gergelim torrado
- 1 dente de alho em fatias finas ou amassado
- Um pedaço de 2,5 cm de gengibre fresco, fatiado ou ralado
- ½ xícara (60 a 120 ml) de azeite extra virgem ou óleo de abacate Uma pitada de pimenta vermelha em pedaços pequenos (opcional)

PREPARAÇÃO
1. Preparar atum selado light pode parecer difícil, mas não é. Se você quer um prato rápido e simples

que impressione seus convidados, este é o ideal. Sirva o atum com uma simples salada verde.

2. Corte o bife de atum em duas ou três porções retangulares alongadas. Pimenta os dois lados de cada pedaço.
3. Coloque o coentro e a salsa em um pequeno robô de cozinha (veja Nota). Pique as ervas. Adicione as raspas e o suco de limão, tamari, óleo de gergelim, alho e gengibre. Pressione o interruptor várias vezes para misturar bem. Raspe as paredes da tigela.
4. Com o robô em funcionamento, adicione lentamente o azeite. Raspe as paredes novamente e pressione o interruptor várias vezes. Se o molho estiver muito grosso, adicione mais óleo até obter a consistência desejada.
5. Em uma frigideira grande, aqueça o óleo de abacate em fogo médio-alto até ficar bem quente. Coloque delicadamente o atum no óleo e refogue por um minuto de cada lado sem mexer. O atum ficará rosa no centro. Se você quiser fazer mais, terá que estender um pouco o tempo de cozimento.
6. Retire o atum da frigideira, corte-o em pedaços com cerca de 15 mm de espessura, junte o molho e sirva.

90. TOMATES RECHEADOS

INGREDIENTES

- 6 tomates médios
- 225 g de carne moída
- 1 colher de chá (5 ml) de manjericão seco
- ½ colher de chá (2 ml) de sal kosher
- colher de chá (1 ml) pimenta preta 6 ovos médios
PREPARAÇÃO

1. Esta receita simples é melhor se for preparada com tomates frescos da horta. Se preferir, pode usar peru ou frango, e até cordeiro.
2. Pré-aqueça o forno a 200°C. Com uma faca afiada, corte os talos dos tomates. Remova

cuidadosamente as sementes com uma colher e descarte-as.

3. Coloque os tomates em uma panela pequena adequada para o forno ou use um prato para muffins de cavidade grande. Asse cinco minutos.
4. Doure a carne em uma frigideira média por cerca de vinte e cinco minutos, até que esteja bem passada. Tempere com sal e pimenta e adicione o manjericão.
5. Retire os tomates do forno e ligue apenas a grelha (se for ajustável, em temperatura baixa). Divida a carne em seis porções e coloque-a nos tomates com uma colher.
6. Descasque um ovo dentro de cada tomate e sal e pimenta um pouco mais.
7. Coloque os tomates no forno por cerca de cinco minutos, a uma distância de 10 a 15 cm da grelha, até que as claras estejam coalhadas e as gemas ainda líquidas.

91. O MELHOR FRANGO ASSADO

INGREDIENTES
- 4 peitos de frango meio desossados e sem pele (aproximadamente 1kg)
- 3 colheres de sopa (45 ml) de sal kosher
- Cubos de gelo
- 2 colheres de sopa (30 ml) de óleo de abacate
- 2 colheres de sopa (30 ml) de tempero de frango

(certifique-se de que não tem açúcar adicionado)

PREPARAÇÃO

1. Certamente este saboroso frango se tornará rapidamente um dos pratos favoritos da família. Fica delicioso acompanhado de uma salada variada, envolto em folhas de couve com uma porção de maionese Primal ou simplesmente servido com seus legumes

assados favoritos. O segredo é a salmoura, que deixa o frango saboroso e macio.

2. Corte cada peito de frango diagonalmente em três porções alongadas.
3. Ferva uma xícara (240 ml) de água. Misture a água fervente e o sal em uma tigela grande de metal ou vidro. Quando o sal se dissolver, despeje um litro de água fria e alguns cubos de gelo. Adicione os pedaços de frango e cubra-os com 2-5 cm de água fria. Leve à geladeira quinze minutos.
4. Escorra o frango. Se você quiser evitar ser salgado, lave-o agora, embora não seja necessário. Misture o óleo e o tempero de frango na tigela vazia. Em seguida, coloque o frango no azeite. Deixe repousar por alguns minutos.
5. Aqueça uma grelha em fogo médio-alto. Quando estiver quente, coloque os pedaços de frango e tampe. Asse por cerca de quatro minutos, vire e continue assando por mais três ou quatro minutos, até que a temperatura interna atinja 75°C.
6. Retire o frango da grelha e sirva.

92. ESPETOS DE FRANGO

INGREDIENTES

- 1 kg de peito de frango meio desossado e sem pele
- 24 cogumelos pequenos (aproximadamente 225 g)
- 1 cebola amarela grande
- 2 pimentões (da cor que você preferir)
- xícara (60 ml) de óleo de abacate 1 colher de chá (5 ml) de orégano seco
- 1 colher de chá (5 ml) de manjericão seco ½ colher de chá (2 ml) de alho moído ½ colher de chá (2 ml) de sal kosher
- ½ colher de chá (2 ml) de pimenta preta
- 8 espetos curtos (embebidos em água se forem de madeira ou bambu)

PREPARAÇÃO

1. Os espetos são o meu prato favorito quando as pessoas chegam a casa para desfrutar de um churrasco informal de verão. Você pode prepará-los com antecedência ou até deixar que os convidados os preparem. Como eles assam em um instante, você não terá que cuidar da grelha enquanto seus convidados se divertem.

2. Corte cada peito de frango em oito ou dez pedaços de tamanho semelhante e coloque-os em uma tigela de vidro. Lave os cogumelos e retire-lhes os pés. Corte a cebola e o pimentão em pedaços grandes. Coloque tudo em outra tigela.

3. Misture o azeite e os temperos. Despeje metade da mistura em cada tigela e mexa bem. Coloque as duas tigelas na geladeira e deixe marinar por vinte minutos.

4. Monte os espetos alternando frango e legumes nos espetos. Pré-aqueça o ferro em temperatura média-alta.

5. Coloque os espetos na grelha (ou embaixo da grelha) por cerca de três minutos de cada lado, virando-os para que dourem bem em todos os lugares, cerca de

6. Dez ou doze minutos no total. Verifique o frango com um termômetro de leitura instantânea para certificar-se de que está bem cozido (a temperatura interna deve ser de 75 °C).
7. Mova os espetos para uma fonte e sirva.

93. BANDEJA DE CAMARÃO E ESPARGOS

INGREDIENTES

- 2 colheres de sopa (30 ml) de óleo de abacate
- 3 dentes de alho fatiados
- 4 colheres de sopa (60 g) de manteiga
- 1 maço de aspargos (450 g)
- 2 colheres de chá (10 ml) de sal kosher
- 1 colher de chá (5 ml) de pimenta preta moída na hora
- 680 g de camarão descascado
- ½ colher de chá (1-2 ml) de pimenta vermelha picada
  (opcional) 1 limão médio cortado ao meio
- 1 xícara (90 g) de queijo parmesão ralado
- 2 colheres de sopa (30 ml) de salsa fresca picada (opcional)

PREPARAÇÃO

1. Eu não gosto de lavar caçarolas, então meu negócio é preparar a comida em um único recipiente. Além disso, este prato simples é feito em menos de vinte minutos. Você vai amar!
2. Pré-aqueça o forno a 200 º C. Em uma frigideira pequena, aqueça o óleo de abacate em fogo médio. Refogue o alho até soltar o aroma e sem dourar, cerca de três minutos. Adicione a manteiga e cozinhe até começar a borbulhar. Retire do fogo.
3. Retire as pontas duras dos aspargos e coloque as pontas na placa do forno. Despeje sobre duas colheres (30 ml) de manteiga com alho e dê algumas voltas para cobri-los bem. Espalhe-os em uma única camada e polvilhe-os com metade do sal e da pimenta. Coloque-os no forno por cinco minutos, até que estejam macios e levemente tostados.
4. Coloque os aspargos em uma metade do prato. Coloque os camarões na outra metade. Despeje o restante da manteiga com o alho e dê algumas voltas para cobri-los bem. Espalhe-os em uma única camada e polvilhe-os com o restante do sal e da pimenta. Adicione o pimentão vermelho, se usado. Esprema o limão sobre os camarões e corte-os em quartos. Coloque os quartos entre os camarões.
5. Polvilhe o queijo parmesão apenas nos aspargos e coloque o prato no forno por cinco a oito minutos,

até que os camarões fiquem opacos. Despeje a salsa sobre os camarões, se usar, e sirva imediatamente.

94. SALSICHAS COM COUVE

INGREDIENTES
- 1 maço de couve de qualquer variedade
- ½ cebola média em cubos
- 1 pacote de salsichas de frango
- 2 colheres de sopa (30 ml) de óleo de coco ou abacate
- 2 colheres (30 ml) de manteiga • 8 cogumelos limpos e fatiados
- 1 colher de chá (5 ml) de sal kosher
- ½ colher de chá (2 ml) de pimenta preta
- 1 xícara (250 ml) de caldo de galinha (de preferência caseiro)

- ¼ colher de chá (1 ml) de pimenta vermelha picada (opcional)

PREPARAÇÃO

1. Se algum de seus amigos ou familiares disserem que não gosta de couve, experimente este prato. Esta receita pode ser personalizada a gosto, adicionando os legumes desejados e qualquer tipo de salsicha. Experimente combinações diferentes para ver qual você gosta mais. No entanto, certifique-se de escolher salsichas que contenham apenas ingredientes limpos, sem adição de açúcares, nitratos e assim por diante.
2. Com uma faca afiada, corte os talos grossos da couve presentes nas porções das folhas. Pique-os em pedaços de tamanho semelhante a cebola em cubos. Corte as folhas de couve em tiras finas.
3. Corte as salsichas em pedaços de 2,5 cm. Aqueça uma colher de sopa (15 ml) de óleo em uma panela grande. Coloque metade das salsichas em uma única camada e frite até dourar. Vire-os e frite-os dois minutos do outro lado. Retire-os e repita a operação com a outra metade das salsichas. Retire-os da panela.
4. Aqueça a outra colher de sopa (15 ml) de óleo em fogo médio na panela. Adicione a cebola e os talos

de couve cortados e frite os legumes por cerca de cinco minutos, até que comecem a amolecer. Empurre os legumes para a borda da panela e derreta a manteiga no centro. Adicione os cogumelos e refogue-os por alguns minutos. Adicione sal e pimenta. Mexa bem.

5. Adicione as folhas de couve e misture tudo. Frite por três a cinco minutos, até que as folhas estejam macias. Retorne as salsichas para a panela junto com o caldo e o pimentão picado, se usado. Aumente um pouco o fogo. Quando o líquido começar a ferver, abaixe o fogo e espere quase tudo evaporar. Experimente e adicione sal, se necessário. Sirva imediatamente.

95. SALMÃO ASSADO COM AIOLI DE DILL

INGREDIENTES

- 4 filés de salmão com pele, aproximadamente 170 g cada
- colher de sopa (7,5 ml) de óleo de abacate Raspas de ½ limão grande
- sal Kosher
- Pimenta preta moída na hora

Alioli para largar

- ½ xícara (120 ml) de maionese Primal Kitchen ou outra maionese adequada para o dieta paleolítica
- 2 dentes de alho pequenos fatiados
- 2 colheres de chá (15 ml) de suco de limão espremido na hora
- 1 colher de sopa (15 ml) de endro fresco picado
- colher de chá (1 ml) de sal kosher
- colher de chá (1 ml) de pimenta preta moída na hora raspas de ½ limão grande

PREPARAÇÃO

1. Este filé de salmão assado em baixa temperatura derrete na boca. Preparado assim, o salmão fica bem rosado, então não se assuste quando tirar do forno e ainda parecer cru. Pelo contrário, será o peixe mais bem feito que você já comeu!
2. Pré-aqueça o forno a 135°C. Coloque os filés de salmão em uma panela de ferro ou assadeira. Misture o óleo com metade das raspas de limão e pinte a parte superior do peixe. Sal e pimenta Cozinhe o salmão entre dezesseis e dezoito minutos, até que possa

ser dividido em pequenos pedaços com um garfo.
3. Enquanto o salmão está no forno, misture a maionese com o alho, as raspas e o suco de limão, endro, sal e pimenta.
4. Sirva o salmão acompanhado do aioli.

96. ROLOS DE PERU E REPOLHO

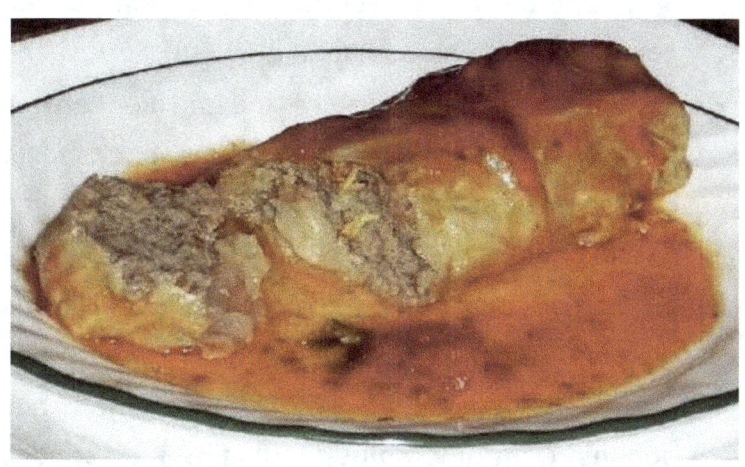

INGREDIENTES

- 2 folhas de repolho, quanto maior melhor

- 4 fatias de peito de peru de boa qualidade (sem adição de açúcar ou nitritos ou outros ingredientes nocivos)
- 4 fatias de bacon passadas pela panela
- 2 fatias de queijo suíço cortadas ao meio
- $\frac{1}{2}$ xícara (120 ml) de salada de repolho paleolítica

PREPARAÇÃO

1. Depois de experimentar diferentes opções, concluí que o repolho é o ingrediente que melhor substitui o pão achatado e as tortilhas mexicanas. Tem um sabor muito suave, e suas folhas grandes e grossas seguram muito bem o recheio. Este sanduíche é um pouco complicado de comer, mas é ótimo.
2. Com uma faca afiada, retire o talo central grosso do repolho (talvez seja necessário cortar um pouco a folha, deixando-a em forma de coração).
3. No centro de cada folha, coloque duas fatias de peru, duas fatias de bacon e duas meias fatias de queijo, deixando uma margem nas bordas. Com uma colher, coloque $\frac{1}{4}$ de xícara (60 ml) de salada de repolho em cada folha, perto do topo (longe da ponta do caule).
4. Começando por cima, enrole a salada de repolho com a ponta da folha e enrole o

sanduíche. Dobre as bordas como um burrito. Feche os rolinhos com dois pauzinhos cada e corte ao meio para servir.

97. SALADA DE ATUM CRESCENTE

INGREDIENTES

- 2 latas de atum de 140 g cada (não escorra)
- ½ xícara (120 ml) de maionese Primal Kitchen ou outra maionese adequada para o dieta paleolítica
- 2 colheres de sopa (30 ml) de alcaparras escorridas
- 1 talo de aipo em cubos
- 1 cenoura pequena, em cubos

- 4 rabanetes em cubos
- Sal e pimenta a gosto
- xícara (60 g) de amêndoas em filés 2 colheres de sopa (15

  g) sementes de girassol

PREPARAÇÃO
1. Outra ideia é usar folhas de repolho. Você também pode desfrutar desta salada com legumes, com fatias de rabanete, com chips de pepino ou sozinho. Certifique-se de selecionar atum pescado de forma sustentável e embalado em água ou azeite.
2. Esvazie o atum em uma tigela junto com o líquido da conserva. Desfaça-o com um garfo. Adicione a maionese, as alcaparras, o aipo, as cenouras e os rabanetes. Experimente e sal e pimenta.
3. Pique as amêndoas com uma faca de chef. Pouco antes de servir, adicione-os à salada de atum e polvilhe tudo com sementes de girassol.

98. Frango Recheado Com Nopales

INGREDIENTES

- 1 colher de óleo
- 1/2 xícaras de cebola branca, em filés
- 1 xícara de nopal, cortado em tiras e cozido
- bastante de sal
- chega de orégano
- chega de pimenta
- 4 peitos de frango, achatados
- 1 xícara de queijo Oaxaca, ralado
- 1 colher de sopa de óleo, para o molho
- 3 dentes de alho picados para o molho
- 1 cebola branca, cortada em oitavos, para o molho

- 6 tomates, cortados em quartos, para molho582
- 1/4 xícaras de coentro fresco, fresco, para o molho
- 4 pimentas guajillo, para o molho
- 1 colher de sopa de pimenta da Jamaica, para o molho
- 1 xícara de caldo de galinha, para o molho
- 1 pitada de sal, para o molho

PREPARAÇÃO

6. Para o recheio, aqueça uma panela em fogo médio com o azeite, refogue a cebola com os nopales até que parem de soltar baba, tempere a seu gosto com sal, pimenta e orégano. Reserva.
7. Em uma tábua, coloque os peitos de frango, recheados com os nopales e queijo Oaxaca, enrole, tempere com sal, pimenta e um pouco de orégano. Se necessário, prenda com um palito de dente.
8. Aqueça uma grelha em fogo alto e cozinhe os rolinhos de frango até ficarem cozidos. Corte os rolinhos e reserve ainda quente.

9. Para o molho, aqueça uma panela em fogo médio com o azeite, refogue o alho com a cebola até dourar, acrescente o tomate, o coentro, a pimenta guajillo, a pimenta da Jamaica, as sementes de coentro. Cozinhe por 10 minutos, recheie com o caldo de galinha, tempere com sal e continue cozinhando por mais 10 minutos. Resfrie um pouco.
10. Misture o molho até obter uma mistura homogênea. Sirva em um prato como espelho, coloque o frango por cima e aproveite.

99. Minibolo de Carne Com Bacon

INGREDIENTES

- 1 quilo de carne moída
- 1/2 xícaras de pão moído
- 1 ovo
- 1 xícara de cebola, finamente picada
- 2 colheres de sopa de alho, finamente picado
- 4 colheres de ketchup
- 1 colher de mostarda
- 2 colheres de chá de salsa, finamente picada
- bastante de sal
- chega de pimenta
- 12 fatias de bacon

- bastante molho de ketchup, para envernizar
- bastante salsa, para decorar PREPARAÇÃO

6. Pré-aqueça o forno a 180°C.
7. Em uma tigela, misture a carne moída com a farinha de rosca, o ovo, a cebola, o alho, o ketchup, a mostarda, a salsa, o sal e a pimenta.
8. Pegue cerca de 150 g da mistura de carne e modele-a em forma circular com a ajuda das mãos. Enrole com bacon e coloque em uma assadeira untada ou papel manteiga. Pincele o topo dos cupcakes e do bacon com ketchup.
9. Asse por 15 minutos ou até que a carne esteja cozida e o bacon dourado.
10. Sirva com salsa, acompanhado de salada e massa.

100. Filé de Frango Com Queijo

INGREDIENTES

- 1/2 xícara de chouriço, desintegrado
- 1/2 xícaras de bacon, picado
- 2 colheres de sopa de alho, finamente picado
- 1 cebola roxa, cortada em pedaços
- 2 peitos de frango, sem pele, sem osso, em cubos
- 1 xícara de cogumelos, em filés
- 1 pimentão amarelo, cortado em pedaços
- 1 pimentão vermelho, cortado em pedaços

- 1 pimentão, laranja cortado em pedaços
- 1 abóbora, cortada em meias luas
- 1 pitada de sal e pimenta
- 1 xícara de queijo manchego ralado
- a gosto de tortilhas de milho, para acompanhar
- a gosto de molho, para acompanhar
- a gosto de limão, para acompanhar

PREPARAÇÃO

4. Aqueça uma frigideira em fogo médio e frite o chouriço e o bacon até dourar. Adicione o alho e a cebola e cozinhe até ficar transparente. Adicione o frango, tempere com sal e pimenta e cozinhe até dourar.
5. Quando o frango estiver cozido, adicione os legumes um de cada vez, cozinhando por alguns minutos antes de adicionar o próximo. Por fim, adicione o queijo e cozinhe mais 5 minutos para que derreta, retifique os temperos.
6. Sirva o fio bem quente acompanhado de tortilhas de milho, salsa e limão.

CONCLUSÃO

Dietas com baixo teor de gordura são consideradas um método popular de perda de peso.

No entanto, dietas com baixo teor de carboidratos estão ligadas a uma maior perda de peso a curto prazo, juntamente com o aumento da perda de gordura, redução da fome e melhor controle do açúcar no sangue.

Embora sejam necessários mais estudos sobre os efeitos a longo prazo de cada dieta, estudos mostram que as dietas com baixo teor de carboidratos podem ser tão eficazes para a perda de peso quanto as dietas com baixo teor de gordura – e podem oferecer vários benefícios adicionais à perda de peso. saúde.

Independentemente de você escolher uma dieta com baixo teor de carboidratos ou com baixo teor de gordura, lembre-se de que manter um padrão alimentar de longo prazo é um dos fatores mais críticos para o sucesso na perda de peso e na saúde geral.

www.ingramcontent.com/pod-product-compliance
Lightning Source LLC
Chambersburg PA
CBHW071607080526
44588CB00010B/1052